오감만족
연등축제

0.0.3

오감만족 연등축제

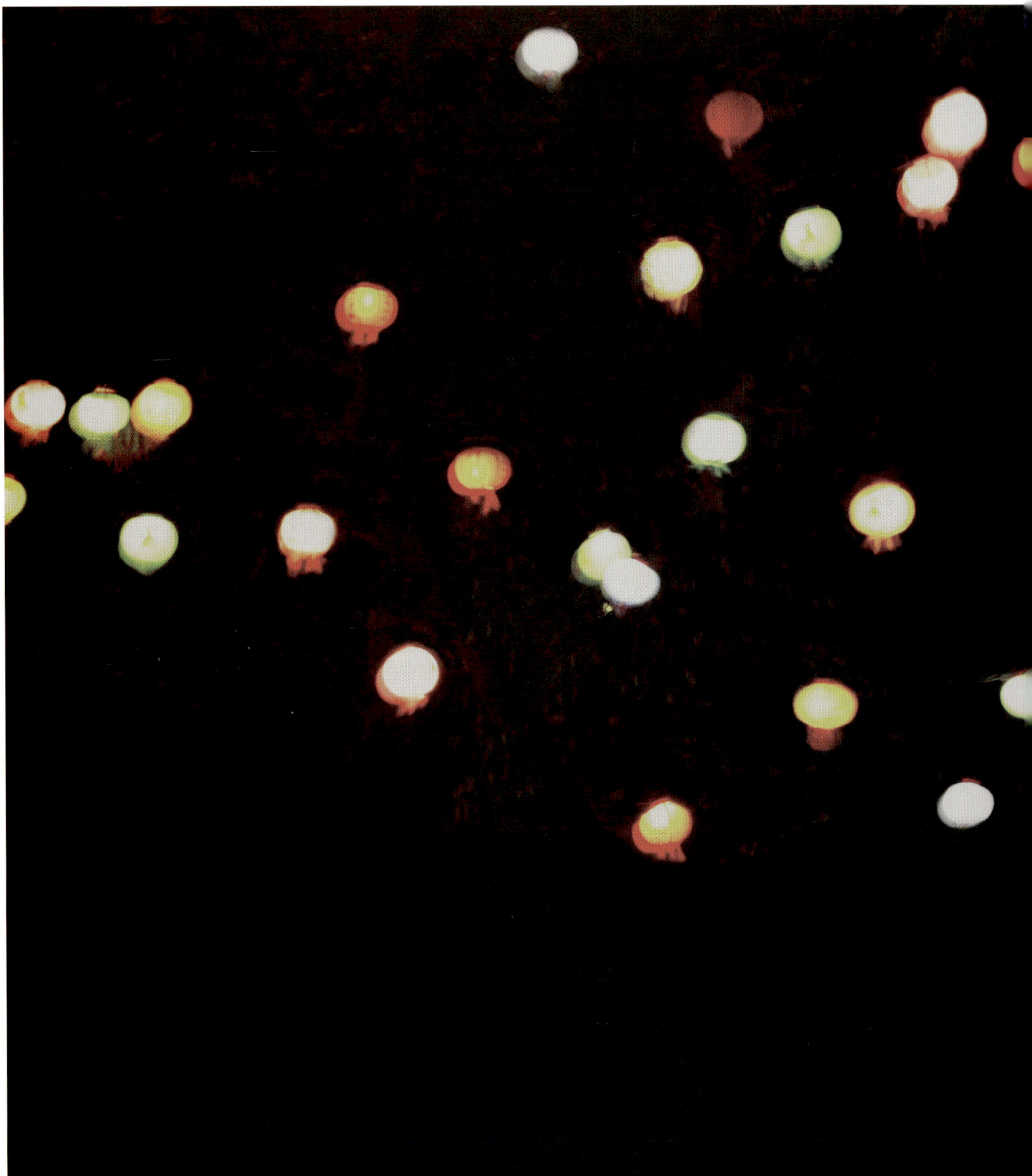

아 . 름 . 다 . 운 .

빛 . 의 . 물 . 결 .

봄밤 서울의 심장부 종로거리에 끝없이 이어지는 연등의 물결, 손에 손잡고 강강수월래를 하는 수만의 참가자 머리 위로 떨어지는 색색의 꽃비. 세계 어디에도 없는 움직이는 등(燈)축제로 이제 불교인뿐 아니라 전 국민 그리고 세계인의 축제가 된 연등축제 그 속으로 떠나보자!

연 . 등 . 축 . 제 .

부.처.님.오.신.날._
축.제.가. 시.작.됩.니.다.

추.
천.
사.

너와 내가 평등하게 즐기는 곳에 시비(是非)가 없고, 모두 손을 잡고 춤추는 곳에 분별(分別)이 없습니다. 연등축제는 이런 시비와 분별이 없는 모두의 축제입니다

지혜와 자비를 상징하는 등을 높이 올리고 종로 거리에 나서는 순간 우리는 종교나 피부색을 뛰어넘는, 시비가 없는 세상을 만납니다. 축제의 절정에 이르러 함께 꽃비를 맞고 손을 맞잡으며 강강술래와 기차놀이를 하는 모습을 보면서 너와 나의 분별은 이미 사라졌음을 보게 됩니다.

이런 연유로 연등축제는 템플스테이와 함께 한국을 대표하는 문화코드로 성장했습니다. 오직 연등축제에 참가하기 위해 입국하는 외국인의 수가 이미 웬만한 국제행사를 치를 때보다 훨씬 많아지고 있으며, 유럽을 비롯한 세계 각국의 언론 역시 이런 분위기와 함께해서 해마다 뜨거운 취재 열기를 보여주고 있습니다.

이런 놀라운 만한 성장은 연등축제가 한국의 문화전통을 오롯이 복원해 가고 있기 때문이며, 우리와 다음 세대가 지향해야 할 가치인 평화와 평등의 메시지를 공유하고 있기 때문입니다.

더욱 주목할 만한 점은 연등축제의 중심이 시민에게 있다는 점입니다. 다른 축제에서는 도저히 찾아볼 수 없는 자발성과 역동성이 있습니다. 이 역시 세계가 주목하고 있는 우리만의 자랑거리입니다.

이번에 발간되는 『오감만족 연등축제』는 이런 연등축제의 모습을 잘 묘사하고 있습니다. 1천 년이 넘는 연등축제의 역사에서부터 연등축제를 직접 즐기고 싶어 하는 사람들의 길라잡이, 그리고 연등축제를 관심 있게 지켜보고 있는 분들에게도 좋은 참고자료가 될 것입니다.

이 책은 동대문운동장 연등축제시대를 마감하고, 새 시대를 시작하는 시점에서 발간된다는 점에서도 또 다른 의미가 있습니다. 이번을 계기로 한 시대를 갈무리할 뿐만 아니라 앞으로의 희망을 보여주기 때문입니다. 그래서 이 책은 연등축제에 관계하는 분들 뿐만 아니라 많은 독자들에게 도움이 될 것입니다.

불기 2553(2009)년 3월

대한불교조계종 총무원장 智冠

여.는.글.

에든버러, 아비뇽, 산 페르민, 뮌헨 옥토버페스트…. 이들의 공통점은 무엇일까? 매년 수많은 사람들이 몰려드는 유명축제라는 것이다. 이들 축제는 특별히 홍보를 하지 않아도 행사기간이 되면, 페스티벌의 열기를 느끼려는 사람들이 세계 각지에서 몰려들어 한바탕 난장을 치른다.

우리나라 국민들의 소득수준과 문화에 대한 관심이 높아지면서 축제에 대한 관심 또한 나날이 커지고 있지만, 외국의 축제에 눈길을 돌릴 뿐 국내에도 1100여 개의 축제가 있으며, 그 가운데 세계적인 축제로 발돋움한 훌륭한 축제들이 있다는 사실을 아는 이는 많지 않다.

그 중에서도 매년 '부처님오신날'에 즈음하여 열리는 '연등축제'는 불교행사로 출발한 탓에 매년 진행되는 연례행사처럼 인식되어 있지만, 축제기간에 맞춰 우리나라를 방문하는 외국인 단체관광객들이 생겨났을 만큼 규모나 내용 면에서 전 세계 어디에 내놓아도 손색이 없을 정도로 성장했다.

통일신라시대부터 이어져 내려오던 초파일 행사가 1996년부터 '연등축제'라는 이름으로 일반인들과 함께하는 행사로 저변을 넓혔고, 국민

들의 문화의식과 외국인들의 한국문화에 대한 관심이 높아지면서 이제는 단순한 불교행사가 아니라 모두가 함께하는 '민족의 전통문화축제'로서 자리매김해가는 과정에 있다.

일반적으로 축제의 요소를 말할 때 일탈성, 대중성, 유희성을 두고 이야기하는데, 그런 측면에서 연등축제는 볼거리, 먹을거리, 즐길거리 등 오감을 만족시키는 요소들이 집약된 행사가 다양하게 펼쳐진다. 무엇보다 자본으로 만들어낸 동원성 축제가 아니라 참여자가 중심이 되는, 가장 평범한 사람들이 만드는 민속축제라는 점에서 주목할 필요가 있다.

연등축제는 보는 것만으로도 시각적인 즐거움을 주지만, 그 안으로 직접 들어가 함께 즐기는 기쁨은 경험해본 사람만이 안다. 아는 만큼 보인다는 말이 있는데, 축제에 대처하는 우리의 자세 또한 그러하다. '아는 만큼 즐길 수 있다.' 짧은 기간에 펼쳐지는 축제의 다양한 재미를 놓치지 않으려면, 자신의 취향과 관심사에 맞게 골라서 즐기는 요령이 필요하다.

자, 그럼 이제부터 연등축제의 매력을 제대로, 마음껏, 즐길 수 있는 방법들을 만나보자!

목. 차.

01

천(千)의.
얼굴을.
가진.
축제.

시청 앞 점등식

● 연등축제의 시작을 알리는 행사로 불교계와 서울시를 비롯한 각계 인사들이 한 자리에 모여서 연등축제의 개최를 축하하고, 서울 시청 앞 광장에 설치된 상징등에 점등식을 진행한다. 연등축제 시작 첫 회부터 연꽃등, 탑등, 흰코끼리등 등 매년 다른 주제를 표현한 대형 상징등을 선보여 왔으며, 최근에는 한지를 이용한 상징등을 만들어 그 아름다움이 한층 배가되었다. 한지를 통해 퍼져나가는 은은한 빛과 한국적인 색감을 살린 채색이 어우러져 보는 이를 황홀하게 만든다.

● 시청 앞 상징등에 불이 켜지면 시청 앞을 오가는 시민들은 가던 길을 멈추고, 대형 전통등이 발하는 매혹적인 모습을 카메라에 담느라 여념이 없다. 시청 앞 상징등은 부처님오신날에 즈음하여 종로와 청계천 일대에 설치되는 가로연등과 함께 일반시민과 외국인들에게 우리의 아름다운 전통등과 연등축제를 알리는 역할을 하고 있다.

서울 시청 앞에 불을 밝힌 범종등 ▸

아름다운 전통문양과 은은한 빛이 어우러진 범종이 도시의 어둠을 밝히고 있다. 당장이라도 깊고 아름다운 울림소리를 낼 것만 같은 생동감이 넘친다. 보기에는 단순해 보이지만, 범종등을 만들기 위해서는 정확한 비율과 규격을 맞춰야하기 때문에 전문작가들도 심혈을 기울여야 완성할 수 있을 만큼 까다로운 등이기도 하다.

오감만족

연등축제

청계천의 유등 ▶

서울시민들의 휴식 공간으로 사랑받고 있는 청계천 일대에 연등축제를 알리는 창작등과 가로연등이 수를 놓았다.

전통장엄등

연등축제의 시작과 끝은 등이다. • 축제가 있기 몇 달 전부터 전통 장엄등을 만드는 강습회가 시작되고 이때부터 각 단체에서는 다음해 연등축제에 선보일 장엄등을 준비하기 시작한다. • 이렇게 만들어진 작품은 경연대회를 통해 선발되고 또 전문작가들의 작품과 함께 연등축제 즈음에 전시가 된다. • 불교를 소재로 한 작품부터 민담에 등장하는 이야기를 소재로 한 작품 그리고 둘리나 팬더곰처럼 아이들이 좋아하는 등까지 연등축제의 역사만큼이나 그 소재와 주제가 다양해지고 있다.

전통 장엄등 만들기 강습회

매년 가을 조계사에서 진행되는 '전통등 만들기 강습회'는 전통등 만들기에 관심 있는 사람이라면 누구나 참여할 수 있다. 사전접수를 통하여 참가 신청자를 모집하며, 조별로 나누어 총 3일간 오전 10시부터 저녁 6시까지 전통등 제작에 관한 전반적인 과정을 배우게 된다. 전문작가들이 각 조를 맡아서 골조 짜기, 한지 붙이기, 스케치와 채색, 배선과 점등까지 모든 과정을 책임지도한다.

2000년부터 본격적으로 시작된 '전통 장엄등 만들기 강습회'는 나날이 신청자가 늘어나 매년 1차, 2차로 나눠 진행하고 있는데, 전통등 제작에 관심 있는 이들에게 배움의 기회를 제공하고, 각 사찰에 등 제작에 관한 노하우를 전파한다는데 남다른 의미가 있다. 매년 강습회에서 만들어진 장엄등 가운데 일부는 지방에 보급함으로써 전통등에 대한 관심을 높이고, 등 만들기 문화를 전국으로 확산시키고자 노력하고 있다.

전통등 전시회

● 매년 연등축제에 즈음해 열리는 '전통등 전시회'는 전문작가들의 새로운 작품과 '등 경연대회'를 통해 선정된 아마추어들의 작품을 한 자리에서 만날 수 있는 이색적인 전시회이다. 전통등 분야에서 일가를 이룬 전문작가들의 작품들은 전통등에 대한 고정관념을 깨기에 충분하며, 아마추어들의 개성 넘치는 작품들은 서툴지만 아이디어가 신선하고 정감이 넘친다. 1999년부터 시작된 '전통등 전시회'는 회를 거듭할수록 전시 작품의 수준이 나날이 높아져, 전통등의 현주소와 미래를 가늠할 수 있는 기회이기도 하다.

● 연등축제를 통해 우리나라의 전통등이 점차 알려지면서 전통등 전시회가 진행되는 기간이 되면, 다양한 등을 구경하려는 사람들로 서울 봉은사 보우당이 시끌벅적해진다. 2008년 '전통등 전시회'는 '옛날 옛적에'라는 주제로 전래동화에서 툭 튀어나온 듯한, 동심을 자극하고 옛 추억을 되살리게 만드는 작품들이 전시되었다. 그리고 2009년에는 동양적인 색채가 강한 '선(禪)'을 주제로 한 전문작가들의 작품이 선보였다.

범종

우리나라의 범종은 그 소리가 장엄하고 청명하다. 그 소리를 들으면 지옥의 중생도 제도가 된다는 범종은 우리나라 불교의 역사만큼이나 오래됐다. 그 중 성덕대왕신종은 현재 남아 있는 것 중 가장 큰 종으로 높이가 3.75미터나 된다. 2008년 시청 앞에 전시된 장엄등은 이런 범종을 재현했다.

사천왕

동서남북의 사방에서 불법을 지키는 수호신이다. 부리부리한 눈과 위압적인 자세를 하고 있지만 삿된 생각이 없는 사람에게는 관대하다. 2008년 연등축제에는 사천왕을 맨 앞에 두고 행진을 진행했다.
사천왕등은 단청의 화려한 색감을 살린 채색이 돋보인다. 우리의 전통등은 골조를 만든 철사 등이 한지를 통해 고스란히 비친다는 것이 특징이자 매력이다.

오감만족

연등축제

0.2.7

사자상

불교에서는 사자의 용맹에 빗대 부처님이나 부처님의 말씀을 비유하는 경우가 많다. 부처님의 설법은 특별히 사자후(獅子吼)라고 한다. 사자가 한번 울면 짐승들이 몸을 사리는 것처럼 나쁜 견해들이 몸을 사린다는 의미다.
석탑에도 사자상을 놓는 경우가 있는데 보통 네 마리다. 이는 부처님의 진리가 온 누리에 가득하다는 상징이다. 이에 따라 전통등에도 사자가 곧잘 등장한다.

오감만족

연등축제

0.2.9

◀

2008년부터는 복원된 청계천에 등을 띄웠다. 가족 단위의 나들이객이나 연인들이 많이 찾는 곳임을 감안해 불교적 소재보다는 전래동화에 등장하는 인물들이나 동물을 주로 등의 소재로 삼았다. 등에서 나오는 빛과 청계천 물빛이 아름다운 조화를 이뤄 디카족들에게 특히 인기가 많다.

▶

시간이 지나면서 등을 만드는 기술도 점점 발전하고 있다. 연등축제 초기에 등장했던 등들은 평면적이었다면 요즘 등장하는 등들은 굴곡 등 세부적인 묘사를 거뜬히 소화해 낸다.

금강역사

불법을 지키는 신이다. 사찰에 들어갈 때 문의 좌우에 버티고 선 모습을 볼 수 있다. 그 힘이 측정할 수 없을 만큼 세다. 금강역사의 힘찬 기운을 등으로 표현했다.

오감만족
연등축제

◀ 골무등

골무는 바느질할 때 바늘이 손가락 끝을 찌르는 것을 막기 위해 고안된 작은 종처럼 생긴 도구이다. 어릴 적 바느질 하는 할머니와 어머니가 생각난다. 그 골무 모양에 각종 꽃과 잉어 등을 그려내 하나의 아름다운 등으로 만들어냈다.

코끼리등 ▶

불교에서 코끼리는 상서로운 동물이다. 석가모니 부처님의 생모인 마야부인은 꿈에 흰코끼리가 오른쪽 옆구리로 들어온 태몽을 꾸고 석가모니 부처님을 잉태했다고 한다.

등 경연대회

연등축제를 주관하는 행사기획단은 전통등의 현대적인 복원과 대중화를 위하여 연등축제 참가단체를 대상으로 연등행렬에 사용할 단체 행진등을 공모해 시상하고 있다. '등 경연대회'의 공모 부문은 장엄등을 제외한 각 단체의 단체행렬등과 개인 창작등으로 나누어 진행되는데 개인이 만들어 선보이는 창작등의 수준이 월등히 높다. '등 경연대회'의 심사는 연등축제 한 달 전에 응모를 받은 후 스님, 행사기획단 직원들, 그리고 전문작가들로 구성된 심사위원들이 응모작 가운데 독창적이며 정성이 깃든 작품을 선정하는데, 해마다 실력이 일취월장해 우열을 가리기가 힘들 정도다. 연등축제를 주관하는 행사기획단 측은 '등 경연대회'가 회를 거듭하면서 행렬등의 수준이 나날이 향상되는 효과를 가져왔다고 설명한다.

'등 경연대회' 수상작에 대한 시상식은 연등축제 당일 수만 명의 참가자들이 한자리에 모인 '어울림마당'에서 치러지는데, 그 특별함 때문인지 상금이 많지 않은데도 참여 열기가 높다. 그리고 '등 경연대회'를 통해 선정된 작품은 '등 사진자료집'으로 만들어 배포함으로써 연등축제 참여 단체들이 전통등 만들기에 더 많은 관심과 노력을 기울이도록 격려하고 있다.

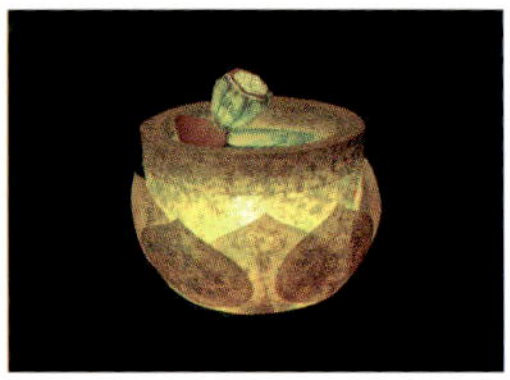

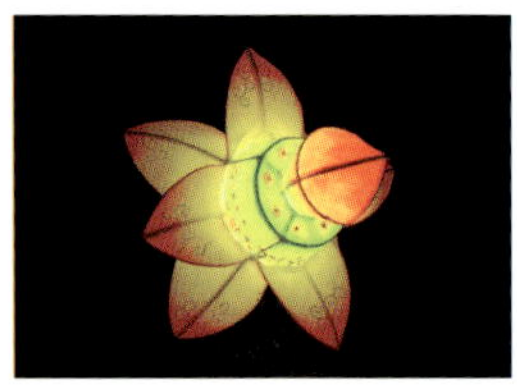

오감만족

연등축제

0.3.8

▲ 다양한 등들

팬더, 로봇 태권V, 캥거루, 말…. 축제에 참여하는 사람들의 면면이 다양해지는 것처럼 등의 소재도 아주 다양해지고 있다.

0 . 4 . 1

연등놀이

연등축제 초창기에는 축제가 단 하루만 펼쳐졌다. • 하지만 내용이 풍부해지고 사람도 많아지면서 하루 만에 그 모든 걸 보여주기에 모자라다는 지적이 많아 연등행렬이 있기 전날 연등놀이를 진행한다. • 각 단체에서 준비한 연등과 춤이 인사동과 우정국로 주변에서 펼쳐진다. • 연등놀이에는 토요일 저녁 인사동 일대를 방문한 외국인들과 연인들이 특히 많이 참여한다.

연등놀이

연등축제의 전야제인 '연등놀이'는 다음날 있을 연등축제를 시민들에게 알리고 축제의 분위기를 고조시키기 위한 흥겨운 자리이다. 연등축제에 참가하는 각 단체의 장엄등과 연희단, 풍물패가 조계사에서 출발해 안국동과 인사동을 거쳐 조계사 앞 사거리까지 퍼레이드를 한다. 연등놀이 퍼레이드는 무엇보다 다음날 저녁 '연등행렬'에 참가할 각 단체들의 멋진 '장엄등'과 '행렬등'을 미리 맛보기로 감상해볼 수 있다는 점이 큰 매력이다. 최근 몇 년 사이 디지털카메라의 보급이 일반화되면서 연등축제의 전야제인 '연등놀이'의 퍼레이드 모습을 담으려는 사진 애호가들이 미리부터 인사동에 진을 치고 있는 모습을 볼 수 있으며, 그 사진들은 인터넷을 통해 전 세계로 퍼져 나간다.

연등놀이 퍼레이드가 끝나면 조계사 앞 사거리에 마련된 무대에서 각 단체의 연희단과 풍물패의 다채로운 공연에 이어서 흥겨운 춤판이 벌어진다. 전야제인 연등놀이는 그 자리에 함께한 외국인, 시민들과 함께 어우러져 축제에 대한 설렘을 신명으로 풀어내는 자리인 만큼 누구나 참여할 수 있다. 연등놀이의 춤판에는 특히 외국인들의 참여 열기가 뜨거운데, 매년 연등축제에 참가하는 네덜란드 단체관광객들은 연등놀이를 즐기기 위하여 연등축제 전에 대거 입국하는 열의를 보이기도 한다.

▸ 연등놀이가 진행되는인사동 일대

연등축제의 전야제인 연등놀이의 퍼레이드가 진행 중이다. 청년들이 짊어진 대형 장엄등을 선두로 각 단체의 연희단들이 아름다운 한복을 입고 행진에 나선다. 연등놀이 퍼레이드가 진행되는 인사동 일대에는 구경을 나온 시민들과 풍물패의 흥겨운 노랫가락이 어우러져 시골 잔칫집분위기가 물씬 풍긴다.

한마음선원
우리
마음을 맑게
세상을 향기롭게
燃燈祝
연등놀이

생활속의 불법수행

▲ 연등놀이

연등놀이 퍼레이드가 모두 끝나면, 각 사찰 연희단들의 다양한 공연이 펼쳐진다. 전문가 뺨치는 장고춤을 선보이는 사람들은 아주머니들, 발랄한 율동을 선보이고 있는 사람들은 청년들, 등을 들고 즐거워하는 이들은 어린이와 청소년들이다. 퍼레이드와 연희단 공연이 끝나면, 연등축제 음악에 맞춰 기차놀이를 한다. 생전 처음 보는 사람의 어깨에 손을 얹고 뱅글뱅글 흥겹게 돌다보면, 축제의 현장에 있다는 사실만으로 그들은 모두 하나가 된다.

▲ 연등놀이 객석에서 춤추는 외국인들

퍼레이드와 연희단의 공연으로 이어지는 연등놀이를 보던 외국인들은 연신 박수와 환호로 호응을 한다. 특히 연희단이 입은 전통의상과 소품들에 관심을 보이며, 함께 사진을 찍자거나 기념품으로 달라고 조르는 외국인이 많다.

오감만족

연등축제

0.5.3

불교문화마당

도심 한가운데에서 산사의 음식을 먹어보거나 불화를 그려볼 수 있는 기회는 이날 한 번뿐이다. • 이 때문에 몇 달 전부터 불교문화마당이 언제 펼쳐지는지 문의 전화가 쇄도한다. • 참여 부스도 날이 갈수록 늘어가고 있다. • 이날은 그야말로 1천 년을 이어온 한국의 불교문화를 체험하고 우리의 전래놀이를 함께 즐기고 아시아 각국의 전통춤과 음악 그리고 청년들의 발랄함을 맘껏 체험해 볼 수 있는 날이다.

불교문화마당

● 연등축제 당일 낮 12시부터 오후 7시까지 조계사 앞 우정국로에서 진행되는 '불교문화마당'은 사라져가는 우리의 전통문화와 아시아 불교국가들의 전통문화를 한자리에서 체험할 수 있는 문화의 보물창고다. 불교문화마당은 내국인, 외국인, 남녀노소가 함께 다양한 전통문화를 보고, 느끼고, 체험할 수 있다는 장점 때문인지 연등축제 기간 중 연등행렬 못지않은 관심과 인파가 몰리는 프로그램이기도 하다.

● 불교문화마당은 크게 '외국인 등만들기 대회'와 '국제(아시아)마당', '전통문화마당', '관불', '전래놀이마당', '먹거리, 살거리마당', '나눔마당', 'NGO마당', 그리고 공연무대로 나뉜다. 불교문화마당에 마련되는 프로그램만 70여 개에 총 100여 개의 부스가 운영되는 데다 해마다 조금씩 프로그램이 바뀐다. 그러니 오후 내내 부지런히 움직여도 100여 개의 부스를 모두 체험하는 것은 불가능한 일이니만큼 행사안내도를 살펴본 후에 각자 취향에 맞는 것을 골라 즐기는 요령이 필요하다. 자, 그럼 2008년에 마련됐던 프로그램을 중심으로 '불교문화마당'의 각 마당별 매력을 살펴보도록 하자.

외국인 등 만들기 대회 Lotus Lantern Making for Foreigners

불교문화마당의 핵심 부스는 누가 뭐래도 직접 연등을 만들어볼 수 있는 등 만들기 체험 부스! 그 중에서도 '외국인 등만들기 대회'는 사전접수를 통해 신청한 다양한 국적의 외국인 300여 명이 연등을 만드는데, 생경한 문화를 체험하려는 외국인들과 그들이 만드는 연등을 구경하려는 내국인들의 호기심이 한데 모여 부스가 하루 종일 북적거린다. 사전에 신청하지 않고 당일 방문하는 외국인들은 따로 작은 등을 만들 수 있는 부스를 사용할 수 있다.

2000년에 시작된 '외국인 등만들기 대회' 부스는 시행 첫해부터 열띤 호응을 이끌어내며 오가던 사람들의 눈길을 사로잡았다. 외국인들이 몰려들자 그들을 카메라에 담으려는 국내외 취재기자와 관람객들이 늘어나면서 불교문화마당의 부스가 크게 증가하는데 기폭제가 된 프로그램이기도 하다.

'외국인 등만들기 대회' 진행은 조계종 국제포교사회 자원봉사자들의 몫이다. 전화와 인터넷으로 사전신청을 받은 후, 연등축제 당일 오후 1시부터 진행되는데, 해마다 신청자가 늘어나서 매번 정원초과 상태를 보이고 있다. 우리에겐 아주 익숙한 연꽃과 연등을 처음 접한 외국인들은 즐거운 표정으로 말아놓은 연잎 한 장 한 장을 팔모등에 붙여 자기만의 연등을 만들어낸다. 외국인들이 만드는 연등은 대부분 특이하지만, 국가별로 조금씩 차이가 있다. 연꽃에 대해 고정관념이 없는 외국인들이 어떤 색깔의 연잎을 주로 사용하고, 어떤 식으로 연잎을 붙이는지 국적별로 유심히 살펴보는 것도 '외국인 등 만들기 대회'를 재미있게 관람하는 요령이다.

●●● 외국인 등만들기에 참여한 외국인들. 단순히 보는 것에서 한걸음 더 나아가 체험할 수 있는 축제여서 외국인들에게 호응이 높다. 매년 신청 접수자만 수백여 명이고 현장에서 참여하는 사람은 그 몇 배에 달한다.

FREE TIBET
부처님! 제 뜻을 깊이 헤아리사 꼭 제뜻을 이룰수 있도록 도와주세요
소원 성취!! 은희
진리광명이 온누리에...
우리 가족 모두 건강하고 행복하길 바랍니다
가정·사회·국가에 회향할수 있는 인연받도록.
-선덕행-
선연인연모두

불교문화마당에 마련된 '서원쓰기' 벽에는 수많은 사람들의 꿈과 희망이 모여서 아름다운 모자이크를 수놓았다. 단순히 즐기는데 그치지 않고, 나와 이웃, 그리고 세상을 돌아보는 시간을 가질 수 있으니, 이 또한 큰 행복이다.

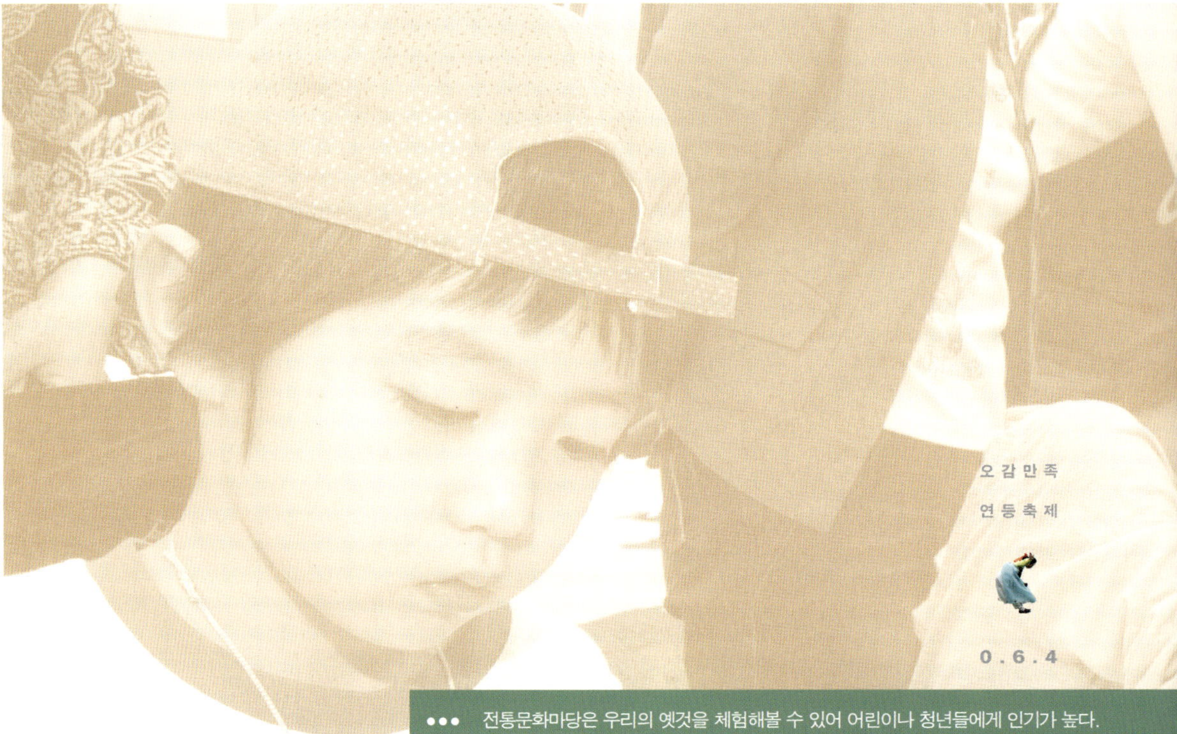

••• 전통문화마당은 우리의 옛것을 체험해볼 수 있어 어린이나 청년들에게 인기가 높다.

전통문화마당 Traditional Art Area

불교문화마당의 각 마당 가운데 아이들의 참여도가 가장 높은 곳을 꼽는다면 '전통문화마당' 이다. '전통문화마당' 은 사라져가고 있는 우리나라의 전통문화를 눈으로 보고, 손으로 만들어볼 수 있는 체험 위주의 프로그램으로 구성돼 있다. 그렇기 때문에 남녀노소 누구나 부담없이 참여할 수 있지만, 아이들에게 옛날부터 내려오는 우리의 전통문화를 접하게 해주려는 부모들이 많은 탓인지 유난히 가족단위로 참가하는 이들이 많은 곳이기도 하다.

2008년 '전통문화마당' 에는 호흡에 맞춰 절하는 방법을 지도하는 부스와 광목천에 '부처님 그리기', 한지를 활용해 다양한 모양의 공예품을 만들어보는 '한지공예', 대나무를 이용한 '활 만들기', 나무에 글자를 새겨 도장을 만들어보는 '전각 찍기 체험', 종이로 연꽃을 만들어보는 '지화 만들기', 부채에 나만의 연꽃을 그려 넣는 '부채 연꽃 그리기', 작은 컵받침에 원색의 단청 무늬를 칠해보는 '단청 컵받침 만들기', '실크스크린 체험', 전통문양을 얼굴에 그려보는 '페이스페인팅', 앙증맞은 작은 연꽃등을 만들어 볼 수 있는 '연꽃등 만들기', '가훈 써주기', '요가체험' 부스까지 다양한 체험프로그램이 마련되었다. 전통문화마당 프로그램 가운데 주목할 곳은 조계종 문화부에서 심혈을 기울여 마련하는 기획부스! 2008년 연등축제 불교문화마당에서는 '사찰음식' 을 주제로 한 기획부스를 마련해 큰 호응을 얻었고, 2009년에는 '사찰의 차(茶)문화' 를 주제로 한 기획부스를 운영했다.

이것저것 다 해보고 싶은데 참가비가 걱정이 된다고? 그런 걱정은 붙들어 매시길…. 불교문화마당의 모든 체험프로그램은 함께 '나눈다' 는 취지로 운영되기 때문에 대부분 무료로 진행되거나 재료비만을 받도록 제한하고 있기 때문이다.

관불 Buddha Bathing

'전통문화마당' 과 '아시아마당' 이 마주보고 있는 거리에는 아기부처님께 감로수를 올리고 소원을 비는 '관불단' 이 마련되어 있다. 관불의식은 부처님의 탄생을 기뻐하며 부처님을 목욕시키는 의식으로 인도에서부터 시작되었다. 관불을 하기 위해서는 우선 부처님의 탄생지인 룸비니동산을 상징하는 화단을 만들어 아름다운 꽃으로 장식하고, 그 가운데 오른손은 하늘을 가리키고 왼손을 땅을 가리킨 아기부처님을 안치한 뒤 작은 표주박으로 감로수를 떠서 부처님의 정수리에 붓는다.
우리나라의 관불의식은 옛날부터 '부처님오신날' 을 경축하는 의미로 행해져 왔다. 부처님오신날이면 으레 어느 사찰이나 관불단을 설치하며 관불을 하기 위해 긴줄을 선 신도들을 흔히 볼 수 있다. 관불의식은 마음의 때를 씻고 청렴한 삶을 살겠다는 다짐의 의미가 담겨있는 만큼 불자들뿐만 아니라 일반인들도 부담없이 참여할 수 있다.

먹거리, 살거리마당 Shopping Area

불교문화마당의 다양한 볼거리와 체험프로그램을 즐기다보면 슬슬 배가 출출해진다. 그럴 땐 '먹거리, 살거리마당'에 마련된 부스들로 발걸음을 옮겨보자. 2008년 먹거리, 살거리마당에는 사찰의 된장과 고추장을 맛볼 수 있는 부스와 '북한 먹거리 한마당', 인절미와 식혜, 비빔밥, 솜사탕, 무공해식품, 채식, 연잎차 등을 먹어볼 수 있는 자리가 마련되었으며, 불교관련 서적과 전통사찰의 향을 맡아보고, 스님의 옷을 입어보는 부스들이 선을 보였다.

연등축제 당일 '먹거리 살거리 마당' 앞은 잔칫집 분위기다. 이곳에서 맛있는 음식으로 배를 든든히 채운 후에 둘러보지 못한 다른 마당들을 살펴보는 것이 쉽게 지치지 않고 불교문화마당의 다양한 재미를 즐기는 방법이다.

●●● 산사에서만 맛볼 수 있는 사찰음식을 도심에서 직접 맛볼 수 있는 기회. 1년에 연등축제 기간 단 한 번뿐이다.

▸ 불화그리기

불화는 경전의 내용을 이해하기 쉽게 하기 위해 또는 사찰을 장엄하기 위해 그린다. 불교문화마당의 불화그리기는 청소년이나 외국인들에게 특히 인기가 많다.

●●● 축제에서는 아주 간단한 소품도 모두 놀이기구가 될 수 있다. 널뛰기 시범을 보이고 있는 사람들과 줄넘기를 하고 있는 외국인과 청년들

NGO마당 NGO Area

환경, 문화와 관련된 민간단체가 운영하는 불교문화마당 'NGO마당' 국내외의 어려운 이웃을 돌아보고, 환경의 소중함을 생각해볼 수 있는 부스들로 구성된다. 2008년에는 아프리카의 생활상을 체험해보는 '마사이족 생활체험', '물레 시연', '짚공예 체험', 그리고 환경을 생각하는 친환경 상품과 우리 옷을 전시하고 홍보하는 부스 등이 마련되었다.

국제(아시아) 마당 World(Asia) Area

불교문화마당의 다양한 프로그램 가운데 최근 몇 년 사이 부스가 점점 늘어나는 곳이 바로 '국제(아시아)마당' 이다. 2008년에는 스리랑카, 네팔, 태국, 몽골, 방글라데시, 캄보디아, 대만, 티베트, 그리고 인도까지 총 9개국이 '국제(아시아)마당' 에 참여했다. 그중에는 연등축제를 접한 후에 자발적으로 참여한 나라들이 대부분이고, 봉축위원회의 권유로 부스를 열었다가 보람을 느끼고 지속적으로 참여하고 있는 나라들도 있다.

국제(아시아)마당에 참여하는 나라들은 대부분 우리나라 인근의 불교국가들로 전통의상과 전통춤, 음악을 선보이며 자국의 불교문화를 알리고 있다. 특히 아시아마당의 각 나라별 부스 앞에는 국내에 체류 중인 해당국가의 이주노동자들이 찾아와 오랜만에 접하는 자국문화에 흠뻑 빠져든다. 그들은 연등축제를 매개로 낯선 나라에 와서 힘겹게 살아가는 타향살이의 서러움을 함께 위로하고 스트레스를 푸는 시간을 갖는다. 연등축제 안에서 또 하나의 작은 축제를 즐기는 것이다.

국제(아시아)마당은 아시아 불교국가들의 유사점과 개성을 한 자리에서 비교해볼 수 있는 자리인 만큼 각국의 전통문화와 불교문화를 직접 체험해 보고 꼼꼼하게 살펴보자. 한손에 쥘 수 있는 크기의 염주를 만들어보는 '단주 만들기' 부스와 독특한 전통의상을 차려입은 외국인들과의 사진촬영은 필수코스! 외국인 친구와 동행할 계획이라면 '템플스테이' 부스도 꼭 들러야한다.

Montana

●●● 옛날부터 전해져 내려오는 민속놀이를 직접 체험할 수 있는 불교문화마당의 전래놀이마당에는 어린 날의 추억을 되살리는 내국인과 한국의 전통놀이를 체험하려는 외국인들로 하루 종일 즐거운 웃음소리가 울려 퍼진다.

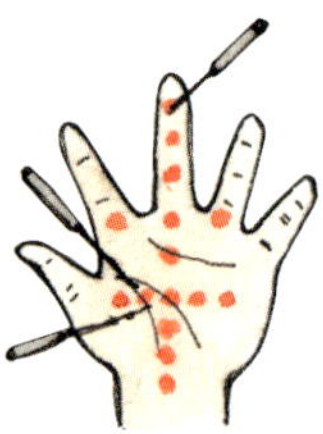

나눔마당 Enjoy Sharing

불교문화마당의 '나눔마당'은 연등축제를 찾은 시민들에게 무료로 다양한 것들을 경험해보도록 하기 위해 마련된 곳이다. 2008년 '나눔마당'에는 장애를 체험해볼 수 있는 '점자시연'과 불자들로 구성된 의료자원봉사자들의 '의료검진' 부스, 한방 뜸과 침을 맞을 수 있는 '한방진료' 부스, 양초를 직접 만들어 보는 '소원양초 만들기', '수지침 자원봉사', '선무도 수련체험' 부스 등이 마련되었다.

전래놀이마당 Traditional Play & Writing Wish-Letter

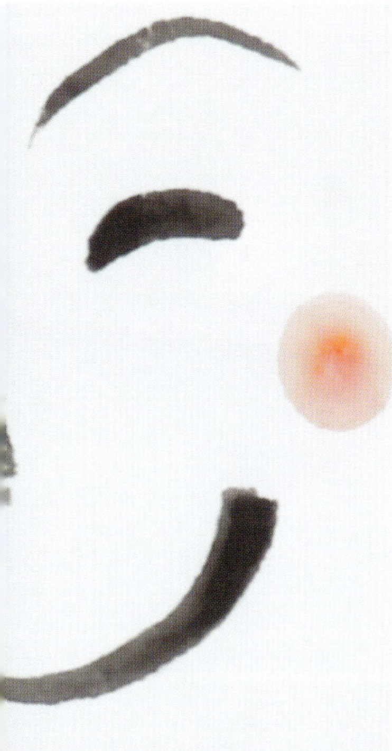

불교문화마당의 '먹거리 살거리마당'과 '나눔마당' 부스가 마주보는 거리 한복판에서는 '전래놀이마당'이 펼쳐진다. 컴퓨터나 게임기가 아이들의 마음을 사로잡기 전에는 마당에 줄만 그어도 놀이가 되고, 밧줄 하나만 있어도 즐겁게 뛰어놀던 시절이 있었다. '전래놀이마당'은 이제는 추억의 놀이가 돼가고 있는 우리나라의 전통놀이를 마음껏 즐길 수 있는 자리다. 줄을 끊는 개구쟁이 훼방꾼이 옆에 있어야 더 재미있는 '고무줄놀이', 추억의 '공기놀이'와 '딱지치기', 항아리 안에 화살을 던져 넣는 '투호놀이', 종이에 소원을 적어 매다는 '서원달기', 벽돌을 하나씩 올려 만드는 '탑 쌓기' 등…. 어른들에게는 어릴 적 추억을 되살리고, 아이들과 외국인들에겐 색다른 재미를 선사하는 다양한 놀이가 곳곳에서 펼쳐진다. 인터넷게임이 최고의 놀이라고 여기는 요즘 아이들에게 몸으로 즐기는 진짜 놀이를 즐기게 해주고 싶다면, 컴퓨터 앞에 앉은 아이의 손을 잡고 '전래놀이마당'으로 가보자. 아이들과 함께 여기저기 뛰어다니며 놀다보면 금세 몇 시간이 휙휙-지나가버린다.

공연 무대

불교문화마당이 펼쳐지는 조계사 앞 우정국로에는 두 개의 공연무대가 마련된다. 안내(Information)부스를 기점으로 안국동 방향으로 중간지점에 공연무대 Ⅰ이, '외국인 등 만들기 경연대회' 부스 앞쪽에 공연무대 Ⅱ가 설치된다. 공연무대 Ⅰ에서는 우리나라의 전통공연을 위주로 선보이는데, 2008년에 '풍물놀이', 북청사자놀이 보존회의 '북청사자놀이', 한국 전통민속놀이보존회의 '신 널뛰기' 공연과 파라미타 청소년협회의 '청소년 댄스 페스티벌' 등이 진행되었다. 그리고 공연무대 Ⅱ에서는 연등축제에 참가한 사찰의 대표 연희단과 아시아 불교국가들의 전통공연이 한데 어우러진다.

2008년에는 불교레크리에이션협회의 개막공연을 시작으로 화계사 어린이회의 '난타공연', 보리사 어린이회의 '어린이 비보이댄스', 청룡사 어린이회의 '어린이 찬불율동 공연', 네팔불자회의 '네팔민속공연', 티베트 스님들의 '티베트 예불' 시연, 선무도와 인도춤, 마하보디사의 '스리랑카 공연' 등이 다채롭게 펼쳐졌다. 불교문화마당의 각 부스를 둘러보다가 다리가 아플 땐 공연무대 앞에 자리를 잡고 앉아서 다양한 공연을 공짜로 관람하는 즐거움을 만끽해보자. 평소 문화공연에 목말랐던 사람이라면, 무대가 가장 잘 보이는 명당자리를 잡고 앉아 하루 종일 공연만 봐도 지루하지 않다.

••• 불교문화마당의 공연무대에서는 다양한 볼거리가 마련된다. 불교레크리에이션협회를 통해 선발된 '어린이 비보이팀'이 오랫동안 연습해온 댄스 실력을 뽐내고 있다. "애들이 어쩜 저렇게 잘해?" 탄성을 자아내던 관람객들은 공연이 끝나자 열띤 환호와 큰 박수로 아이들을 격려한다. 연등축제에 자발적으로 동참한 아시아 불교국가들은 각 나라별 부스 참가 외에도 다채로운 공연무대를 선보이며, 자국의 문화를 소개하는데 열의를 보인다.

0.8.1

어울림마당

본격적인 연등행렬이 이어지기 전에 동대문 일대에서는 어울림마당이 펼쳐진다. • 각 단체가 갈고 닦은 춤과 노래를 뽐내고 이어 참가자 모두가 하나가 되는 자리다. • 이미 아마추어라고 하기엔 믿기지 않을 실력을 뽐내는 단체도 많지만 조금 서툴고 실수가 많아도 즐거울 수 있는 자리다.

어울림마당

연등축제 당일 오후 4시부터 6시까지 진행되는 '어울림마당'은 연등축제의 모든 프로그램 가운데 불교적인 색채가 가장 두드러진 행사이다. 연등축제의 일반 참가자들이 불교문화마당에서 다양한 재미를 만끽하고 있을 시간, 연등축제에 참여하는 70여 개 단체의 수만 명의 불자들이 한 자리에 모여서 '부처님오신날'을 함께 축하하고, 연등행렬에 나서기 전에 축제의 흥과 열기를 돋우는 시간이다. 몇 년 전부터는 불교문화마당의 '국제(아시아)마당'에 참여하는 인근 불교국가들과 외국인 관광객들이 어울림마당에 동참하면서 국적과 연령에 관계없이 하나가 되는 장관을 연출해낸다.

2008년까지 '동대문 운동장'에서 진행됐던 '어울림마당'은 2009년부터는 동국대학교 운동장과 장충체육관으로 옮겨 행사를 진행하고 있다.

입장

'어울림마당' 이 시작되면 봉축장엄등을 앞세운 기수단과 함께 어린이 율동단과 청소년 율동단, '등 경연대회' 입상 단체, 그리고 각 사찰의 연희단이 차례로 입장한다. 2008년에는 어린이 율동단 15개 단체, 청소년 율동단 6개 단체, 청년 율동단 3개 단체, 그리고 19개 참가단체 연희단이 아름다운 의상과 행렬등을 들고 참가했다. 30분에 걸친 입장행렬이 자칫 지루할 것이라는 고정관념은 버려도 좋다. 운동장에 울려 퍼지는 흥겨운 노래와 수만 명의 함성, 그리고 70여 개 단체의 아름다운 의상과 다양한 행렬등을 보는 것만으로도 눈이 즐거워진다.

••• 어울림마당에서는 아이, 청소년, 어른, 노인 할 것 없이 모두가 춤을 춘다. 뽐내기 위한 것이 아니라 다함께 즐기기 위한 춤이기에 박자가 안 맞고, 동작이 틀려도 마냥 즐겁기만 하다.

어린이 & 청소년 율동

참가단체의 입장이 모두 끝나면, 연등축제 공식음악에 맞춰 어린이와 청소년들의 율동이 이어진다. 해맑은 표정으로 그동안 열심히 연습해온 율동을 선보이는 아이들에게 사람들은 아낌없는 박수갈채를 보낸다.

등 경연대회 시상식

어린이와 청소년 율동단의 율동이 모두 끝나면, 사전 공모를 통해 선정된 '등 경연대회' 수상작에 대한 시상이 진행된다. 단체행진등과 개인 창작등 2개 부문으로 나누어 각 부분별로 최우수상, 우수상, 특선, 입선작을 시상한다. 수만 명이 지켜보는 가운데 단상에 올라 상장과 축하의 박수를 받는 기쁨은 받아본 사람만 안다나? 그 특별한 경험을 해보고 싶은 사람은 2010년 '등 경연대회' 출품을 노려보기 바란다.

●●● 2008년도 등 경연대회 입상작인 도선사의 나비등에 대해 조계종 총무부장 원학 스님이 상장을 수여하고 있다. 봉축위원회는 매년 등 경연대회를 통해 참여 단체들 간의 선의의 경쟁을 유도해 전통 등 발전을 꾀하고 있다.

그룹별 단체율동

등 경연대회 시상식이 모두 끝나면 그룹별 율동이 이어지는데, 이 시간이 '어울림마당'의 하이라이트다. 연등축제 공식 음악에 맞추어 5개 그룹이 각 그룹별로 율동을 선보인 후 마지막에 가서는 운동장에 모인 수만 명의 사람들이 다함께 춤을 춘다. 행사장을 가득 메운 사람들이 흥에 겨워 몸을 흔들고 박수를 치는 모습은 그 자체로 '모두 하나가 되는' 연등축제의 모토를 가장 잘 드러낸다.

관불

연등축제는 이제 세계적인 축제로 성장했지만 그 뿌리는 불교에 있다. 연등축제에 참여하기 위해 모인 불자들이 한마음으로 부처님이 이 땅에 오신 것을 봉축하며 관불의식을 거행한다. 관불은 오색수를 아기부처님의 정수리에 뿌리는 의식이다.

연등법회

불교연합합창단의 합창을 시작으로 연등축제를 축하하는 법회를 연다. 이 날은 불교계의 모든 이들이 종단의 구분 없이 한자리에 모여서 평화롭고 평등한 세상을 기원하고, 연등행렬의 시작을 선언한다.

연등행렬 준비

'어울림 마당'을 통해 연등축제의 열기를 뜨겁게 달군 참가자들은 5개 모둠으로 나누어 '연등행렬' 준비에 들어간다. 오후 6시, 이때쯤이면 전야제인 연등놀이와 어울림마당의 리허설로 참가자들이 지칠 만도 한데 그들의 표정은 연등행렬에 나선다는 즐거움에 웃음과 설렘이 가득하다.

0 . 9 . 1

연등행렬 + 대동한마당

이제 연등축제는 절정을 향해 치닫는다. • 종로 거리에 어둠이 깔릴즈음 수많은 인파는 등을 들고 문밖을 향해 나선다. • 지혜와 자비를 상징하는 등은 우리 모두를 하나 되게 하기에 충분하다. • 등을 든 사람이나 등을 들지 않은 사람이나 모두 평등하다. • 행렬의 막바지에는 거대한 공연 무대 앞에서 손에 손을 잡고 강강술래를 하며 하늘에서 내리는 꽃비를 맞게 된다. • 축제는 이제 또 내년을 기약한다.

수행·정진으로
축

불법주차
24시간
무인촬영단속중
세상을 향기롭게

연등행렬

● 연등축제의 핵심이자 하이라이트인 '연등행렬'은 축제 당일 저녁 6시부터 9시 30분까지 진행되는데, 화려한 장엄등과 참가자들이 손에 든 행렬등이 어우러져 연등축제에서만 볼 수 있는 특별한 아름다움을 만들어 낸다. 동대문에서 출발해 종로를 거쳐 조계사 앞까지 이어지는 연등행렬은 연등축제의 백미로 손꼽히며, 이를 보기 위해 탑골공원 앞에 마련된 외국인 관람석과 거리관람석에는 수많은 인파가 몰려든다. 저마다 손에 들고 나온 연등 하나하나가 모여 종로 일대는 순식간에 은하수처럼 아름다운 빛의 물결이 파도를 이루고, 관람객들의 입에선 연신 '예쁘다', '아름답다'는 탄성이 터져 나온다. 3시간여 동안 펼쳐지는 아름다운 빛의 향연은 '부처님오신날'의 기쁨을 함께 나누고, 개인의 바람이 담긴 연등을 들고 종로 일대를 걷는다는 해방감으로 쉽사리 사그라지지 않는다.

● '연등행렬'의 가장 큰 재미는 각 단체들이 짧게는 3개월, 길게는 1년 동안 공들여 만든 장엄등을 차례로 보는 것이다. 하지만 시야가 좋은 자리를 선점하려는 경쟁이 치열하므로, 행렬 시작 1~2시간 전에는 행렬 장소에 도착해서 미리 앉아 있는 것이 좋다. 장시간 펼쳐지는 퍼레이드를 제대로 즐기려면 야간촬영에 강한 카메라와 물, 간단한 요깃거리를 준비하는 센스는 필수!

신한은행

농협
신한은행

DOOSAN
한국보청

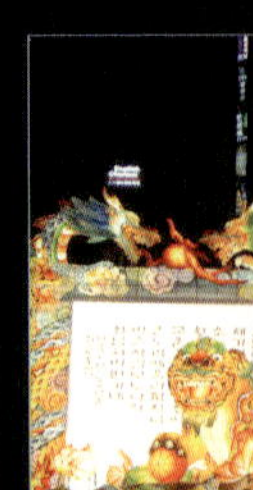

전용
07:00~
21:00

대동(회향)한마당

● 연등축제의 뒤풀이인 '대동(회향)한마당' 은 옛날 우리 조상들의 대동놀이를 현대로 끌어온 것이다. 연등행렬이 끝난 후부터 종각사거리 보신각 앞에서 펼쳐지는 대동한마당은 연등축제의 대미를 장식하며, 축제에 동참한 모든 이들이 한데 어우러지는 시간이다.

● 연등행렬을 마친 장엄등이 종각사거리에서부터 조계사 앞길까지 양 길가에 전시되고, 무대 위에선 대중가수와 연희단의 공연이 진행된다. 그 후엔 한껏 흥이 오른 연희단과 시민들, 외국인 관광객들이 함께 강강술래와 춤을 추며 뒤풀이를 즐기는데, 이때 없어서는 안 될 것이 바로 분홍색 연잎으로 만든 꽃비다. '대동한마당의 꽃비를 맞으면 1년 동안 복을 받는다' 는 풍문 때문일까? 꽃비가 날리는 가운데 펼쳐지는 난장은 그야말로 뜨거운 용광로 같다. 축제의 열기에 빠진 사람들은 비가 오건 바람이 불건 옷이며 스카프, 가방까지 집어던지고 기분 좋은 춤판을 벌인다. 흥겨운 음악과 춤, 많은 사람들의 행복한 에너지가 넘치는 뒤풀이 현장에는 외국인들의 참여가 두드러져 지금 어느 나라의 축제에 와 있는지 분간이 안 갈 정도다. 한국에선 스트레스 풀 곳이 없다고 하소연하는 사람들이여~, 푸념은 접어두고 연등축제의 뒤풀이 현장인 '대동한마당' 으로 달려가 꽃비를 맞자!

단, 방방 뛰어놀다가 분실물이 생기지 않도록 짐은 최대한 가볍게 꾸리자.

▸ 대동한마당은 그야말로 축제다! 남녀노소 인종의 구분이 없다. 이 속에는 어떤 시비와 분별이 끼어들 틈이 없는 것이다. 축하공연으로 시작되는 대동한마당은 이내 강강술래로 이어지고 누가 시키지 않았는데도 기차놀이로 자연스레 이어진다. 꽃비를 날리며 행사의 절정으로 치닫지만 누구도 쉽사리 자리를 뜨지 못한다.

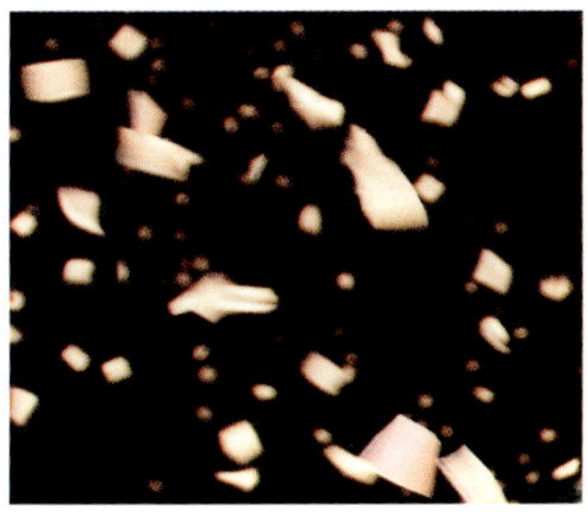

Lotus Lantern Festival
연등축

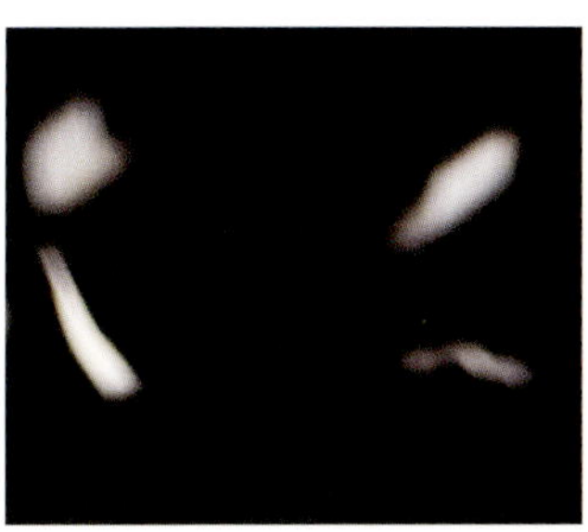

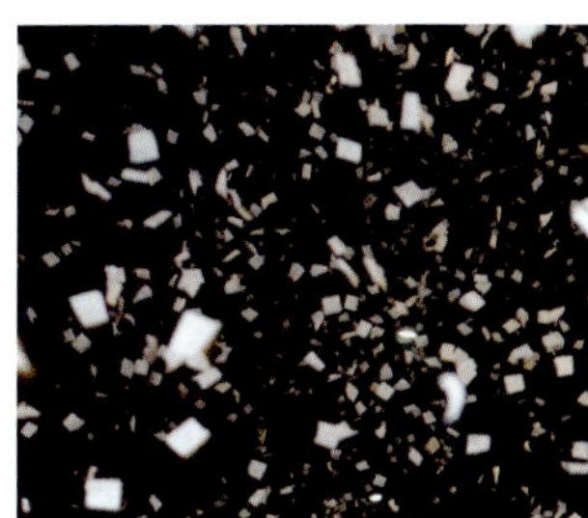

▲ 대동한마당의 꽃비

연등축제의 피날레를 장식하는 대동한마당의 꽃비! 연잎을 떠올리게 만드는 분홍빛 꽃비를 맞아야만, 1년이 행복하다고 말하는 '꽃비 마니아'까지 생겨났다. 팔짝팔짝 뛰고 소리를 지르며 해방감을 맛보는 동안만은 누구든 세상에서 가장 행복한 사람이 된다.

02

천(千)년의.
역사를.
가진.
축제.

오 감 만 족

연 등 축 제

1 . 1 . 3

우리나라 연등의 역사는 삼국시대로 거슬러 올라간다. • 간등(看燈)한 기록으로 알 수 있는 삼국시대의 연등행사 그리고 관(왕실) 중심의 행사인 고려시대의 연등회는 조선시대에 들어서서 민간의 세시풍속으로 성행하였다. • 일제강점기에도 이런 전통과 풍습은 사라지지 않았다. • 옛것을 잇고 새것을 창조하는 연등축제가 어떻게 변화해 왔는지 살피는 것은 오늘을 아는 가늠자이기도 하다.

오감만족
연등축제

우리나라 연등의 역사

● 우리나라 연등의 역사는 통일신라시대로 거슬러 올라간다. 문헌상에 연등과 관련된 행사가 처음 등장하는 것은 『삼국유사』로, 경문왕 6년(866) 정월 15일과 진성여왕 4년(890) 정월 15일에 왕이 황룡사로 행차하여 연등(燃燈)을 간등(看燈)하였다는 기록이 전해진다. 이때부터 어림잡아도 연등의 역사는 1000년 이상이다.

● 연등과 관련된 행사의 성격 또한 세월과 함께 변화해왔다. 1월 15일 정월 연등에서 초파일연등으로 행사 시기가 바뀌었고, 국가가 주관하던 행사에서 민간의 세시풍속으로 변화하였다. 한때는 불교행사로 이어져 오던 연등관련 행사는 이제 우리나라 전통에 바탕을 둔 대중적인 축제의 형태로 나아가고 있다. 오랜 세월 역사와 함께 변화를 거듭해온 연등의 역사는 시대적 상황과 대중들의 요구에 의해 우리민족의 정서와 삶의 모습을 다양하게 담고 있다는 점에서 그 의미가 크다.

삼국시대

우리나라의 연등회는 삼국시대부터 전승되어온 역사성을 지니고 있다. 『삼국사기』에는 경문왕 6년과 진성여왕 4년에 왕이 정월 15일에 황룡사로 행차하여 등을 구경하였다는 기록이 있다. 하지만 기록이 매우 간단하여 연등과 관련된 자세한 행사 내용을 파악하기에는 어려움이 있다. 통일신라시대의 연등회는 시행시기가 정월 15일에 진행된 것으로 볼 때, 중국의 '상원연등 풍속'이 영향을 미친 것으로 보인다.

고려시대 - 초기

불교가 국교이던 고려시대에는 연등 관련 행사에 대한 기록이 두드러진다. 태조 왕건이 남긴 〈훈요십조〉에는 '팔관회'와 함께 '연등회'에 관한 기록이 상세히 기록되어 있으며, '연등도감'을 설치하고 '연등위장'을 제정할 정도로 연등행사가 국가적인 행사로 치러졌다.

고려시대 초기의 연등회는 중국의 상원연등처럼 정월 15일과 2월 15일에 행해졌다. 『고려사』에 따르면 이 시기의 연등회는 왕궁과 사찰을 중

塔洞公園에 灌佛大祭

탑동공원에 관불대제 (1935년 〈조선일보〉 기사)

초파일 당일 오전에 수송동 각황사(조계사 전신)에서 기념행사를 가진 이후 원각사 옛터(현 탑골공원)에서 또다른 기념식을 가졌다는 기사.

심으로 진행되었다. 2월 연등회에는 소회(小會)와 대회(大會)가 있었는데, 2월 14일에 거행되는 소회는 왕이 의례장소인 강안전(康安殿)에 도착하면 공연과 함께 연희가 벌어졌다. 연희가 끝나면 왕은 태조의 진영(眞影)이 봉안되어 있는 봉은사로 행차해 태조의 어진을 배알하고 환궁하였다. 연등회의 하이라이트는 왕이 궁으로 돌아오는 저녁이었다. 왕이 지나는 길 양옆에는 이틀 밤에 걸쳐서 각각 3만 개의 등불을 밝혀 불빛이 낮과 같이 밝았다는 기록이 있다. 이 연등을 구경하기 위해 수많은 백성들이 거리로 쏟아져 나왔고, 그날은 야간 통행금지도 해제되었다. 그 당시의 2월 연등회는 이틀에 걸친 큰 행사였으나 왕이 행차했다가 돌아오는 가두행진을 제외하면, 궁궐과 사찰에서 진행되는 행사가 대부분이었다.

고려시대 - 중기

고려시대에는 2월 연등회 외에 부처님오신날에 행해지는 연등회가 있었다. 사월 초파일에 행해지는 연등회에 관한 기록은 고려 중기부터 나타난다. 『고려사』에 따르면 고려 의종(1147-1170)때 백선연이 사월 초파일(음력 4월 8일)에 별원에서 점등하고 복을 빌었는데, 왕이 이를 보기 위해 행차했다는 기록이 있다. 또 고종 32년(1245년) 사월 초파일에는 최이가 연등회를 열어 밤새도록 기악과 연희를 벌였으며, 구경꾼들이 담을 이루었다는 기록이 전해진다.

공민왕 15년(1366년) 사월 초파일에는 신돈이 대(大)연등회를 열자 서울 사람들이 모두 따라하였고, 가난한 집에서는 구걸을 해서 등을 켰다고 한다. 이때의 연등회는 국가가 주관하는 행사가 아니라 개인들이 집에 등을 다는 풍습을 갖게 되었다는 점에서 고려 초기와 뚜렷한 차별성을 지닌다.

또한 행사 시기가 사월 초파일에 행해지는 것으로 자리가 잡혀 오늘날의 연등축제로 이어지고 있다.

조선시대 - 전기

조선시대에 들어서는 숭유억불정책의 영향으로 국가가 주관하는 연등행사는 중지되었으나 민간의 사월 초파일 연등회는 더욱 성행하였다. 세종 14년(1431년) 사월 초파일의 연등행사를 금지한다는 하교가 내려졌으나 사월 초파일의 연등회는 이미 민간에 풍속화되어 계속 이어졌다. 사월 초파일이 되면 장대를 높이 세우고 자녀의 수대로 등을 밝혔고, 거리 곳곳에 형형색색의 등을 달았다.

조선시대 연등 관련 풍속으로는 초파일이 되면 등을 만들기 위해 아이들이 종이를 잘라서 등대에 매달아 기를 만들어 들고 장안을 돌아다니며 쌀이나 돈을 구하여 등 만드는 비용으로 쓰는 호기놀이가 있었다. 이러한 연등행사는 전국적으로 행해졌지만, 경기도 개성과 서울에서 가장 성행하였다. 특히 종가관등(종로 연등)은 조선 초 풍류가객 월산대군과 강희

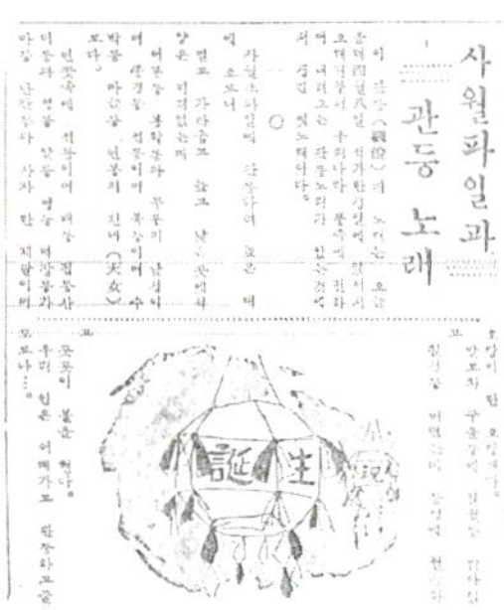
사월파일과 관등노래

사월파일과 관등노래 (1958년 〈동아일보〉 기사)

이 기사는 사월 초파일 관등행사 때 부르던 노래를 소개하고 있다. 노래에는 어룡등, 북등, 수박등 등 20여 개의 등이 등장한다.

맹, 서거정 등의 문인들이 서울의 풍치 좋은 곳 열 곳을 꼽아 시로써 아름다움을 노래한 한도십영(漢都十詠)에 들 정도로 유명하였다.

조선시대 - 후기

조선 후기의 풍습 기록이 담긴 정조 때의 『경도잡지』와 1819년의 『열양세시기』, 1849년의 『동국세시기』에 의하면, 관등놀이의 전통이 이어져 등대를 세우고 다양한 등들을 다는 풍습이 계속 이어지고 있음을 알 수 있다. 사월 초파일이 가까워지면 집집마다 장대를 세우고 수십 개의 등을 달았다. 등을 더 높이 달기 위해 경쟁적으로 장대를 높이 세웠으며, 등이 낮으면 이웃의 웃음거리가 되기도 했다. 밤에는 장안의 남녀노소가 등을 들고 나와 거리는 불꽃바다를 이루었으며 그 장관을 구경하는 관등놀이가 성행하였다. 백성들은 서로 다투어 남산의 잠두봉에 올라가 연등을 내려다보는 것을 1년 중 가장 큰 구경거리로 여겼다.

이 시기에 특히 주목할 점은 등을 종이로 바르기도 하고 비단으로 바르기도 하였는데, 등의 종류가 수박등, 마늘등, 연꽃등, 학등, 잉어등 등으로 아주 다양해졌다는 것이다. 조선 후기의 〈태평성시도〉를 보면 공연 무대에도 등을 매단 모습이 등장해 등이 민간에 널리 활용되었음을 짐작할 수 있다. 그리고 밤이 되면 자연스레 등을 들고 행진하는 가두행렬이 진행되었는데, 이러한 전통은 오늘날의 연등축제에서도 그대로 답습된다.

일제 강점기

일제강점기 초기인 1915년과 1917년 〈매일신보〉 기사를 보면, 등을 팔고

사는 모습이 묘사되어 있어 전통적인 연등풍습이 이어지고 있음을 알 수 있다. 또 초파일 행사가 연등행사 외에 시대적 흐름에 따라서 다양한 강연회, 음악회 등 현대적인 문화행사의 형식으로 변화되었다.

일제강점기 중반에 들어서는 1928년부터는 신문 기사에 풍습보다는 불교단체연합행사로 관불 행사가 시작된 모습이 등장한다. 그러나 1935년 〈매일신보〉에 '초파일이 다가오면 갖가지 연등용 등을 만들어 사월 초가 되면 종로 네거리에 등시(燈市)가 섰다'는 기사를 통해 민간의 풍속은 계속 이어지고 있었음을 짐작할 수 있다. 일제 강점 말기에 들어서는 1937년부터는 연등행사가 일본과 같이 양력 4월 8일에 진행되었다.

해방 이후

해방 이후에는 연등행사가 다시 음력 사월 초파일 행사로 돌아왔고 연등행사 외에 불교계에서 법요의식, 강연회, 음악회 등의 행사가 행해지고 있음을 알 수 있다. 이 시기는 건국초기로 좌우의 갈등, 농지개혁, 전쟁 등 사회의 혼란기여서 불교계도 갈등과 혼란을 겪었다. 한국전쟁 당시는

Korea Herald Photo

MASS PROCESSION — Buddhist followers carry a sedan with lanterns in their hands during a mass procession on the eve of Buddha's birthday Sunday night. Enshrined in the sedan is a bronze image of Buddha.

Buddha's Birthday

Buddha's Birthday (1974년 〈KOREA HERALD〉 기사)

부처님오신날 전날인 일요일에 동국대에서 출발한 2만 명의 행렬이 도심을 행진하고 있다는 기사다. 기사에는 특별히 나이든 사람뿐 아니라 젊은 사람도 무척 많았다고 전하고 있다.

초파일 행사가 잠시 위축되었으나 전쟁 이후에는 동국대학교에서 초파일 행사를 활발히 진행한 기록을 볼 수 있다.

1955년

우리나라 연등의 역사 중 1955년은 중요한 의미를 지닌 해이다. 오늘날과 같은 모습의 연등행사는 1955년 조계사를 중심으로 선학원, 청룡사 등 여러 사찰이 연합하여 등을 들고 제등행렬을 한 것에 그 시원을 두고 있다. 이후 여러 차례의 코스 변경을 거치면서 '동국대-조계사' 코스로 이어졌다.

1975년

1975년 석가탄신일이 국가공휴일로 제정된 후 동국대에서 많은 인원이 모여 연등 행사를 진행하였다. 공휴일 제정으로 참여 인원이 늘어나자 이를 수용하고, 행사를 확대하기 위해 다음해인 1976년 연등행사 장소를 여의도광장으로 옮겼다. 이후부터 여의도에서 종로까지 행렬하는 초파일행사가 1995년까지 20여 년간 행해졌다.

서울 시청 앞 봉축 조형물

1980년대까지는 사방에서 볼 수 있는 선전탑 형태였으나 1990년대부터 야간에 점등이 가능한 탑 형태의 조형물로 바뀌었으며 연등축제가 시작된 1996년부터는 연꽃, 아기부처님, 탑, 종 등 매년 새로운 조형물을 설치하고 있다.

1976

1977

1982

1984

1985

1987

1988

1989

1990

1991

1992

1993

1995

1996

1997

1998

1999

2000

2002

2003

2004

2005

2006

2007

2008

오감만족

연등축제

1.2.6

오늘의 연등축제

종교행사에서 시민의 문화축제로

행사기획단의 상설화 _ 1995년까지 봉축법회와 제등행렬로 치러지던 초파일 행사는 1996년 '연등축제'라는 이름으로 명칭을 변경하며 일반인과 함께 하는 축제로의 변화를 시도한다. 이때 연등축제를 준비하기 위한 상설팀인 봉축기획단(2002년부터는 행사기획단)이 만들어졌다.

행사기획단은 연등축제라는 이름의 큰 행사를 기획했지만 축제 운영에 대한 노하우가 전혀 없었다. 유명 연출가를 찾아가 자문을 구해봤지만 뚜렷한 해결책이 나오지 않았다. 일각에선 전문 공연이벤트사를 불러야 한다는 의견도 있었다. 그때부터 행사기획단은 수많은 시행착오와 우여곡절을 거쳐 오며 지금의 연등축제 형태를 갖추게 되었다.

1996년 행사기획단의 상설화는 연등축제의 역사에서 남다른 의미를 지닌다. 이전까지는 매년 초파일행사에 즈음하여 조계종 총무원의 각 부서에서 선발된 직원들이 행사를 준비했기 때문에 경험을 통한 노하우가 쌓일 수 없었다. 하지만 상설 기구인 행사기획단이 생기면서 연등축제에 대한 노하우가 쌓이고, 관련 자료들을 축적하는 시발점이 되었다.

연등행렬 장소 변경 _ 행사기획단은 기존의 초파일행사를 연등축제로 전환하면서 연등행렬의 코스를 '여의도광장 - 조계사' 구간에서 '동대문운동장 - 조계사' 구간으로 변경하였다. 동대문운동장을 출발하여 종로를 거쳐 조계사까지 이어지는 아름다운 등의 행렬은 시민들의 시선을 끌기에 충분했고, 연등축제를 대중들에게 알리는데 크게 기여했다. 그러나 여의도 광장에서 출발하던 때와 진행방식이 달라지면서 행렬순서를 놓고 참가단체들과 마찰이 생기는 등, 연등행렬이 자리 잡히기까지 오랜 시간을 투자해야했다. 행사기획단은 순서를 어기는 참가단체들을 일일이 설득하고, 비디오카메라를 동원해 행렬을 촬영하여 보여주고, 행렬 진행시간을 단축하는 등의 다양한 노력을 기울임으로써 연등행렬을 안정된 궤도에 올려놓을 수 있었다.

봉축디자인 통일화 작업 _ 행사기획단은 연등축제의 시작과 함께 전문 디자인 회사에 의뢰해 봉축관련 캐릭터를 개발하고, 디자인 통일화작업을 진행하였다. 연등축제의 공식캐릭터인 '아기부처님'과 '천진동자', 한국적인 색채를 십분 활용한 축제포스터와 팸플릿은 연등축제가 걸어온 지난 14년 동안 역사를 같이하며 진화를 거듭해왔다. 연등축제의 공식 캐릭터인 '아기부처님'과 '천진동자'는 처음 발표될 당시 각 일간지에 보도될 만큼 주목을 받았다. 연등축제의 캐릭터 개발과 디자인통일화 작업을 통한 이

1996년 연등축제 포스터

아기부처님 모습을 한 다양한 봉축 캐릭터

미지 전달은 연등축제를 종교행사가 아닌 시민의 축제로서 친근함을 만들어내는데 일조하였다. 그리고 행사기획단이 개발한 캐릭터와 디자인 도안을 각 사찰과 불교관련 행사에 적극적으로 활용함으로써 외부에 연등축제를 알리는 효과를 가져왔다.

행사 프로그램의 신설과 보완 _ 불교행사로 출발한 연등축제가 시민의 축제로 거듭나기 위해서는 새로운 시도들이 필요했다. 먼저 종교행사라는 고정관념을 벗고 시민들과 함께하는 열린 축제의 모습을 갖추기 위해 '거리축제'와 '회향식'을 신설했다. 종각과 탑골공원, 종묘에서 진행된 거리축제에서는 종이컵에 연잎을 붙여 만드는 '컵등 만들기' 행사를 선보였는데, 우려했던 것과 달리 시민과 외국인들의 호응이 높아 이후 '외국인 등만들기 대회'를 기획하는 발판이 되었다. 또 연등행렬을 마친 후 종각사거리에서 진행된 '회향식'은 연등축제의 공식일정을 모두 마친 다음 너 나 없이 함께 어울리며 축제의 뒤풀이를 마음껏 즐기는 화합의 한마당으로 자리매김하였다.

1997년 연등축제 포스터

1996년이 연등축제의 기틀을 마련한 원년이라면, 2000년은 축제의 내실을 변화하는 세태에 맞추어 개선한 해라고 평가할 수 있다. 점차 늘어나는 시민과 외국인들의 참여 열기를 수용하기 위하여 '거리행사'를 '불교문화마당'으로 바꾸어 문화체험 부스를 늘리고, 동대문운동장에서 진행하던 '연등법회'를 '어울림마당'으로 변경해 시민들 간 화합의 자리를 마련하였다. 또한 연등축제의 뒤풀이인 '회향식'의 명칭을 '대동한마당'으로 바꾸면서 대학생들을 참여시키고 마당놀이의 형식을 끌어들임으로써 시민들이 부담없이 동참할 수 있는 열린 축제의 전형을 마련했다. 또한 조계종 국제포교사회의 노력으로 '제1회 외국인 등만들기 대회'를 진행함으로써 국제사회에 연등축제를 알리고, 외국인들의 참여를 이끌어내는 효과를 만들어냈다.

그 후로도 작은 변화들은 계속된다. 2001년에는 전야제인 '연등놀이'를 신설해 다음날 있을 연등축제를 알리는데 노력을 기울였고, 월드컵이 개최되던 2002년에는 축구공 모양의 등을 개발해 보급하였다. 그리고 월드컵 기간에 맞춰 내한하는 외국인 관광객들을 배려하여 거리의 가로연등을 5월 말까지, '전통등 전시회'를 6월 초까지 연장하였다. 행사기획단은 외국인 참가자의 수가 늘어나자 2002년에 첫 모니터링을 실시한 후, 2005년부터 축제전문컨설팅 업체에 의뢰해 현장 평가를 진행했고 2008년부터는 외국인 참가자들을 대상으로 설문조사를 실시해왔다. 매년 다른 주제로 외국인들의 참여 연령과 국적을 분석하고, 그들의 기호와 요구사항을 수용해 연등축제를 운영하는데 적극 반영하였다. 그리고 2001년부터 탑골공원 앞에 외국인을 위한 관람석을 설치하고, 2002년에는 각국의 대사들을 초청해 연등축제를 알렸다. 또 인근 불교국가들의 참여가 늘어

나자 국제(아시아)마당을 신설해 그들의 전통을 소개할 수 있는 부스와 공연무대를 제공했다. 이처럼 연등축제는 시민과 함께하는 축제가 될 수 있도록 프로그램을 신설하고 보완한 행사기획단의 꾸준한 노력 덕분에 이제는 누구도 흉내낼 수 없는 깊이와 노하우를 지닌 국민적인 문화축제로 성장하였다.

연등축제는 서울시의 지원을 받으면서 규모가 더욱 커졌고, 현재는 직·간접적으로 참여하는 인원만 10만 명, 관람객까지 포함하면 20~30만 명이 함께하는 대규모 축제로 성장했다. 유럽 국가들의 페스티벌처럼 1주일씩 치러지는 긴 행사가 아니라 짧은 기간에 자발적인 참여로 이 정도의 규모를 자랑하는 축제는 전례를 찾아보기 어렵다. 해마다 연등축제를 즐기기 위해 한국을 찾아오는 외국인의 수가 증가하면서 전 세계에 대한민국을 알리는 홍보역할을 톡톡히 하고 있음은 두말할 필요가 없다.

● 점점 더 다양해지는 등(燈)

연등축제가 다른 축제와 차별화되는 가장 큰 특징은 바로 등(燈)이다. 연등축제에 참여하는 사람들은 자신이 직접 만든 등에 불을 밝히고 거리로 나선다. 참가자들은 보통 두 개의 등을 드는데, 하나는 개인의 복을 바라는 기원의 등이고, 하나는 부처님이 이 세상에 오신 것을 축원하며 어리석음을 밝히는 지혜를 상징한다. 우리나라의 등 문화는 1200년 가까이 이어져 내려온 습속화된 전통으로, 개인의 복과 나라의 발전을 기원하고 화합된 세상을 바라는 마음을 '등' 이라는 것에 담았다는 것이 남다른 특징이다.

연등축제에 대하여 자세히 모르는 사람도 각양각색의 연등이 종로일대를 물들이는 '연등행렬'에 대해서는 익히 알고 있다. 그만큼 제등행렬의 역사가 오래되었고, 시내를 오가며 또는 텔레비전이나 신문을 통해 한번쯤은 접했기 때문이다. 제등행렬이 연등축제로 변모한 이후 가장 눈에 띄는 성장을 보여주고 있는 행사 또한 연등행렬인데, 그 배경에는 우리의 전통등에 대한 행사기획단의 애정과 꾸준한 노력이 뒷받침되었다.

전통등의 복원 _ 행사기획단은 연등축제의 핵심인 '전통등'을 복원하기 위한 노력을 1996년부터 지금까지 계속해오고 있다. '전통등 연구회'와 함께 진행한 전통등 재현프로젝트를 시작으로, 1997년에는 전통등 20점을 재현해 발표했으며, 1998년에는 봉은사 법왕루에서 '전통등 재현전'을 가졌다. 이후 1999년부터는 매년 연등축제에 즈음해 '전통등 전시회'를 개최해 2009년을 기준으로 12회째를 맞이한다.

1998년 / 1999년 연등축제 포스터

전통등 전시회는 아름다운 우리의 등 문화를 계승하고, 전통등과 연등축제를 대중들에게 알린다는 점에서 큰 의미가 있다. 전통등 복원 초기에는 전통등에 대한 자료가 취약했기 때문에 '등타령'에 등장하는 등 이름들을 기초로 노스님들을 찾아가 묻고 사료를 추적해 복원을 진행했다. 그러나 연등축제와 전통등 전시회를 통하여 전통등이 널리 알려지면서 이제는 미술관 전시물에서 인테리어까지 다양한 용도로 활용되고 있다.

행사기획단은 참여 단체들을 대상으로 한 전통등 복원 노력과 함께 일반 시민들에게 전통등을 알리려는 노력도 게을리 하지 않았다. 1997년 '시청 앞 점등식'에 '아기부처 3면 입상'을 선보인 후부터 매년 새로운 상징등을 제작해 시청 앞 광장에 설치함으로서 연등축제의 시작을 시민들에게 알리고 있다. 2008년에는 그동안 제작비 등 여러 가지 어려움 때문에 시도하지 못했던 한지를 이용한 대형 상징등을 선보여 큰 호응을 얻었다. 또 연등축제에 즈음하여 청계천과 종로지역에 가로연등을 달아 대중들에게 우리의 전통등의 아름다운 빛을 선사하고, 연등축제에 대한 관심을 높이는데 노력을 기울이고 있다.

전통등을 복원하려는 행사기획단의 지속적인 노력의 결과로 지금은 전영일, 백창호 씨를 비롯한 10여 명의 전문작가들이 생겨났고, 그들의 출현으로 전통등의 외형 또한 더 아름답고 창의적인 모습으로 변모하였다. 우리의 전통등은 단청의 화려한 색상과 한지를 통해 비춰지는 온화한 불빛이 어우러져 어디서도 볼 수 없는 매력을 발산한다. 이러한 전통등의 멋스러운 아름다움에 현대인의 상상력이 더해져 역동적이고 생동감 넘치는 등으로 재탄생되고 있다.

대형 장엄등의 진화 _ 행사기획단은 2000년부터 연등축제의 참여 주체인 각 단체들을 대상으로 '장엄등 만들기 강습회'를 신설해 등 제작에 관한 노하우를 보급하고 있다. 장엄등 만들기 강습회는 초기에는 불심으로 뭉친 신도들이 어쩔 수 없이 참여해 과제물을 만드는 수준이었다. 그러나 회를 거듭할수록 장엄등에 대한 관심과 신청자가 늘어나 강습회의 횟수를 늘려달라는 요청과 함께 강습회 시기를 1월에서 전년도 11월로 앞당겨 실시하게 되었다. 무엇보다 주목해야 할 변화는 강습회를 계기로 각 사찰의 장엄등 제작 수준이 크게 향상되었으며, 연등축제에 참여할 등을 제작하는 과정 자체를 즐기게 되었다는 것이다.

대형 장엄등을 만들기 위해서는 도면을 그리고, 철사를 휘어 형태를 만들고, 그 위에 한지를 붙여서 색을 칠하고 말리는 일련의 과정이 필요하다. 여러 사람이 함께하는 공동 작업이기 때문에 화합과 배려가 중요하다. 서로의 의견을 절충하고, 다 같이 힘을 합쳐야만 하나의 장엄등을 완성할 수 있기 때문에 참가자들의 결속력을 높이는 효과를 이끌어낸다. 실제로 장엄등을 제작하는 과정을 통해 그러한 장점을 발견한 단체들이 이

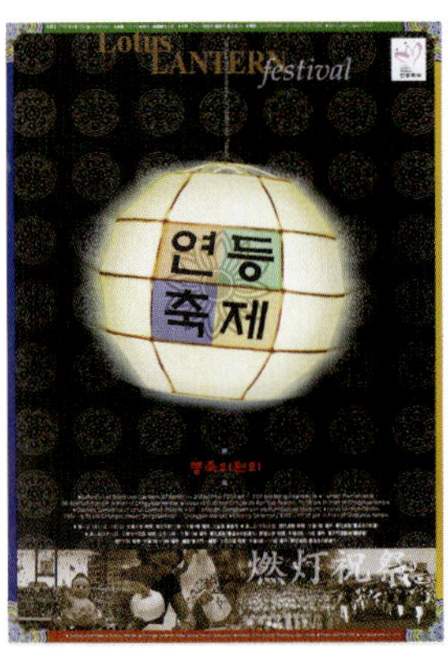

2000년 / 2001년 연등축제 포스터

제는 자발적으로 등 만들기에 동참하고 있으며, 각 단체의 장엄등 모양과 아이디어도 나날이 발전해 지금은 한마음선원과 능인선원처럼 전문작가 뺨치는 실력을 선보이는 단체들까지 생겨났다.

장엄등 만들기 강습회가 이끌어낸 또 하나의 성과는 등을 만드는 문화가 전국으로 퍼져나갔다는 점이다. 과거에는 등을 만드는 법을 배우고 싶어도 자료나 기회가 없었지만, 이제는 강습회에 참여해 교육의 기회를 가질 수도 있고, 강습회에서 만난 다른 단체와 등 제작에 관한 아이디어와 노하우를 교류할 수 있기 때문이다.

연등축제의 하이라이트인 '연등행렬'이 더 웅장하고 아름다워진 이유도 화려하게 진화한 장엄등의 볼거리 덕분이다. 하지만 행렬에 등장하는 그 많은 등들을 각 단체에서 100여 일 동안 준비한다는 사실을 아는 관람객들은 많지 않다. 짧게는 3개월, 길게는 6개월에 걸쳐 만든 장엄등에

불이 켜지고, 그 등이 자기 자신만을 밝히는 것이 아니라 지켜보는 시민들과 도시의 어둠을 밝힐 때의 감동은 경험해본 사람만이 안다. 매년 연등행렬에 나갈 때마다 새롭고 행복한 기분이 든다는 참가자들의 표현이 거짓이 아님을 연등행렬에 동참한 사람들의 표정만 봐도 알 수가 있다.

T자 등대로 화려해진 등의 물결 _ 창작등에 대한 단체들의 관심이 높아지면서 등에 관련된 아이디어도 하나둘씩 생겨났다. 1998년 연등행렬에 'ㄱ자 등대'를 강서구 미타사에서 선보였고, 2000년에는 'ㄱ자 등대'를 응용한 'T자형 등대'를 강남 봉은사가 만들어냈다. 봉은사가 선보인 초기의 T자형 등대는 플라스틱으로 제작되어 무겁고 배터리의 용량도 컸으나 행사기획단이 이를 보완해 가볍고 배터리 교체도 간편한 알루미늄 등대로 교체해 보급하였다.

각 사찰들이 'T자형 등대'에 등을 두 개씩 달고 행렬에 나선 이후부터 연등행렬은 보다 화려하고 아름다운 빛의 물결을 이루게 되었다. 이와 같은 결과가 축제의 원동력인 참여 단체들의 자발적인 노력으로 만들어졌다는 점에 주목해야 한다. 연등행렬에 들고 나갈 대형 장엄등과 행렬등에 대한 각 단체의 관심과 애정이 갈수록 커지고 있는 만큼 앞으로 연등행렬의 아름다움은 더 배가될 것이다.

연등축제는 사람들이 모여서 마음껏 즐기는 놀이의 공간이지만, 수많은 사람들이 새로운 등을 만들어내는 창작의 공간이기도 하다. 그들은 연등축제를 준비하면서 '올해는 또 어떤 등을 들고 나갈까?' 행복한 고민에 빠진다. 연등축제에 참여하는 다종다양한 사람들이 만든 크고 작은 등들이 모여서 이뤄내는 아름다운 빛의 하모니…. 그것이 연등축제의 진정한 매력이다.

보는 축제가 아닌 즐기는 축제

보통 축제라고 하면 많은 사람들이 외국의 페스티벌을 떠올린다. 특이한 가면이나 화려한 의상을 입고 퍼레이드를 벌이는 볼거리를 떠올린다. 하지만 우리나라의 전통축제는 '잔치'에 가깝다. 한쪽에서는 형식을 갖춰 제(祭)를 올리고, 한쪽에선 사당놀이패의 공연이 펼쳐지며, 그 주변에는 흥에 겨워 먹고, 마시고, 춤을 추며 축제를 즐기는 사람들이 있다.

연등축제가 세계적인 축제로 성장한 배경에는 아름답고 독특한 '등'의 볼거리도 한몫을 했지만, 해마다 참여자가 늘어나고 외국인들이 좋아하는 축제로 자리 잡게 된 배경에는 또 다른 이유가 있다. 연등축제를 단순히 '연등행렬'을 지켜보는 볼거리의 축제로 끝내지 않고, 연등행렬을 보기 위해 몰려든 사람들에게 다양한 즐길거리와 체험거리를 만들어 제공했다는 점이다.

문화체험 위주의 프로그램 _ 연등축제가 진행되는 동안에는 행사장 어디를 가도 볼거리, 즐길거리가 넘친다. 연등축제 전야제인 '연등놀이'와 축제 당

2002년/2003년 연등축제 포스터

일 조계사 앞 우정국로에서 펼쳐지는 '불교문화마당', 축제의 하이라이트인 '연등행렬'과 뒤풀이인 '대동한마당'까지 모두 즐기려면 체력은 필수다. 전야제에서 춤을 추고, 연등축제 당일에는 직접 손으로 연등을 만들고, 전통놀이를 즐긴 후 연등행렬을 구경하고, 뒤풀이에서 꽃비를 맞으며 한바탕 놀다보면 열량 소모가 많기 때문이다.

연등축제를 한번도 접해보지 않은 이들은 불교행사라는 고정관념 때문에 조용히 치러지는 축제를 떠올리지만, 연등축제는 여타의 축제와 비교도 안될 만큼 역동적이며 직접 참여해 즐길 거리가 많은 축제이다. 실제로 연등축제에 참여한 외국인들을 대상으로 실시한 설문조사 결과에서도 연등축제를 종교행사라고 생각하는 사람보다 '한국의 문화콘텐츠를 잘 살린 문화축제'로 평가하는 이들이 대다수였다. 특히 외국인들은 시각적인 것에 관심이 많고 체험행사를 선호하기 때문에 '불교문화마당'의 100여 개 부스에서 펼쳐지는 다양한 문화체험프로그램에 후한 점수를 주었다. 축제전문가들 역시 연등축제가 시민과 외국인들이 함께하는 대중적인 축제로 자리매김하는데 불교문화마당의 역할이 컸다고 분석한다.

연등축제에서 연등행렬 다음으로 참가자들의 호응이 높은 '불교문화마당'은 1996년 거리행사라는 이름으로 출발하였다. 당시 종각역 제일은행 앞에서 '컵등 만들기'와 불교용품판매 부스로 진행되던 거리행사는 시민들의 호응도가 높아지자 1997년부터는 거리행사 장소를 확대하였다. 그리고 1998년부터 행사 장소를 조계사 앞 우정국로로 옮긴 이후 인사동과 가깝다는 지리적인 장점 때문에 외국인과 시민들의 참여가 더욱 늘어났다. 그러나 처음부터 시민들의 호응이 뜨거웠던 것은 아니다. 초창기에는 한지로 만든 연등을 나눠주면, 등으로 제기차기를 하는 아이들도 있었다. 이에 좌절하지 않고 대중들이 친근하게 다가설 수 있는 문화체험 위주의 프로그램을 꾸준히 만들어내고 보완한 결과 지금과 같은 참여 열기를 끌어낼 수 있었다.

특히 각각의 행사에 관객과 참여자의 벽이 없는 우리의 전통적인 연희 방식을 취하고, 연등축제에 사용되는 음악과 의상 등을 전통적인 색채로 통일함으로써 우리의 전통을 한자리에서 만날 수 있는 '문화 나눔의 장'으로 가꿔온 것이 주효했다. 세대와 상관없이 즐길 수 있는 문화체험 프로그램들이 포진되자 가족단위로 참가하는 사람들이 늘어나는 효과를 가져왔다.

불교문화마당이 갖는 또 하나의 의미는 불자가 아닌 대중들과 함께하는 열린 공간을 마련했다는 점이다. 종교행사로 출발했지만 그 한계에 갇히지 않고, 연등축제를 찾아오는 외국인과 일반인들이 편하게 즐길 수 있는 전통문화 체험행사를 마련했다는 점에 주목해야 한다. 연등축제가 단순

2004년 / 2005년 연등축제 포스터

한 불교행사를 넘어서 '민속문화축제'로 거듭날 수 있었던 이유가 바로 여기에 있다. 연등행렬을 보기 위해 몰려든 사람들이 흥미를 느끼고 재미있게 즐길 수 있는 체험프로그램을 만들어 '불교문화마당'이라는 새로운 행사를 마련한 것이 대중들의 열띤 참여를 이끌어낸 성공비결이다. 그 과정을 통해 사라져가는 우리의 전통문화를 육성하고 계승 발전하는데 기여하는 효과까지 이끌어냈다. 우리나라의 소중한 전통문화가 점점 사라져가는 안타까운 현실 속에서 아이들에게 다양한 민속문화를 눈으로 접하고, 직접 체험해볼 수 있는 자리가 있다는 사실은 교육적인 측면에서도 남다른 의미가 있다.

세계인이 함께하는 축제 _ 연등축제의 당일 낮 행사인 불교문화마당이 펼쳐지는 현장에는 내국인보다 외국인의 수가 오히려 더 많다. 해를 거듭할 때마다 한두 개씩 늘어나던 불교문화마당의 체험부스는 2000년 '외국인 등만들기 대회'를 시작하면서 폭발적으로 늘어났다. 그리고 명칭을 '거리행사'에서 '불교문화마당'으로 변경하면서 부스도 '외국인 등만들기 대회', '전통문화마당', '전래놀이마당', '국제(아시아)마당' 등으로 세분화하여 진행하기 시작하였다.

'외국인 등만들기 대회'와 '컵등 만들기'를 통해 연등축제를 알게 된 외국인들은 연등축제의 전 과정에 관심을 갖고 참여하기 시작했다. 연등축제의 전야제인 '연등놀이'를 즐기려는 마니아와 향후 10년간의 축제 일정을 알려달라는 열성팬까지 생겨났다. 외국인들과 인근 불교국가들의 참여가 증가하면서 '템플스테이'와 '공연마당', '관불'을 신설해 연등축제에 동참하는 이들의 요구를 최대한 수용하는 노력을 기울였다. 그 결과 템플스테이는 우리나라의 대표적인 관광상품으로 자리매김했고, 인근 불교국가들의 자발적인 참여도 이끌어낼 수 있었다. 2003년에는 태국대사관의 요청으로 연등축제 기간 동안 '태국연등축제'가 우정공원에서 3일간 진행되기도 했다.

2006년/2007년 연등축제 포스터

연등축제 첫해인 1996년에는 네팔만 참여했지만 해마다 그 수가 늘어나 2008년에는 태국, 스리랑카, 몽골, 방글라데시, 캄보디아, 대만, 티베트, 인도까지 총 아홉 나라로 증가하였다. 국제(아시아)마당 참가국들은 단순히 연등축제를 관람하는 것이 아니라 불교문화마당에 부스를 만들어 자국의 전통문화를 알리고, '어울림마당'과 '연등행렬'에도 동참해 연등축제를 더욱 풍성하게 만들고, 경계 없이 하나 된 불교의 모습을 보여주고 있다. 아시아 문화의 정수라 불리는 불교문화에 관심을 가진 외국인들은 한국의 연등축제를 체험하는 것만으로도 닮은 듯 다른 아시아 불교국가들의 문화를 한자리에서 엿볼 수 있다.

아시아 불교국가들의 참여가 늘어나면서 연등축제는 자연스럽게 다문화시대의 소통창구가 되고 있다. 국내에 거주하고 있는 이주노동자들이 연등축제를 계기로 뭉쳐서 모처럼 고국의 향수를 느끼는 자리로 활용하고 있기 때문이다. 국제(아시아)마당 부스 앞에는 전통의상을 입고 나와 시민들과 사진을 찍는 사람, 자국의 전통음악에 맞춰 둥그렇게 모여 춤을 추는 무리들, 누가 시키지도 않았는데 공연팀을 데려와 자국의 전통문화를 알리는 열성파까지…. 수많은 이주노동자들이 연등축제 안에서 또 하나의 축제를 만들어가고 있다. 이러한 모습은 1년에 단 한 번 연등축제에서만 볼 수 있는 풍경이기도 하다.

● 동원행사가 아닌 자발적인 축제

행사기획단은 연등축제의 핵심인 장엄등과 행렬등을 참가자가 직접 만들도록 유도함으로써 축제의 자발성을 이끌어냈다. 축제의 기본 모토인 즐

오감만족

연등축제

1.4.6

거움을 해치지 않기 위해 연등축제의 준비과정을 100퍼센트 참여 사찰의 자율에 맡긴다. 참여 단체들이 필요로 하는 부분들은 적극적으로 뒷받침하되, 스스로 즐기는 축제가 될 수 있도록 참여자들의 자발성을 이끌어내는 것을 최고의 목표로 삼아왔다. 그 결과 각 단체들은 주체적으로 연등축제를 준비하는 움직임을 보이기 시작했고, 축제의 횟수를 늘리자는 제안을 해올 정도로 참여 열기가 뜨거워졌다.

연등축제에 동참하는 사람들은 본인의 시간과 정성을 들여서 만든 등을 가지고 참여한 축제이기 때문에 더 즐겁고 행복한 기분에 젖어든다. 남이 차려놓은 잔치를 지켜보는 관망형 축제가 아니라 내가 직접 만들고 즐기는 온기 있는 축제인 만큼 생동감이 넘치고, 참가자들의 표정이 밝은 것은 어쩌면 당연한 결과이다.

행사기획단은 연등축제에 참여할 등을 직접 만드는 것이 하나의 문화로 자리 잡힌다면, 축제의 참여 열기가 더욱 뜨거워질 것이라고 말한다. 하지만 등을 제작하는 데에는 적지 않은 노력과 비용이 들어가기 때문에 등 만들기가 하나의 문화로 자리 잡히기까지는 긴 시간이 필요하다. 그런 이유로 학생들의 장엄등 제작 지원과 '등 경연대회'를 개최하여 전통등 대중화 노력에 고삐를 늦추지 않고 있다. 등을 직접 제작하지 않는 사찰을 찾아가 처음에는 팔모등에 한지를 바르는 것부터 시작하여 다음에는 강습회에 참여하고, 그 후엔 서로 격려하며 장엄등을 만들어보라고 끊임없이 설득하고 있다. 또 등 만들기 문화를 널리 확산시키기 위해 2004년부터는 『등 사진자료집』을 제작해 배포하고 있다.

연등축제 불교문화마당의 영향으로 생긴 사찰들의 변화도 눈여겨봐야 한다. 연등축제 첫해에 거리행사로 진행됐던 '컵등 만들기'가 전국으로 퍼져나갔고, 어떤 행사를 치르든지 '문화마당' 부스를 만들어서 진행해야 한다는 인식이 자리 잡게 되었다. 연등축제의 한 프로그램으로 시작된 '템플스테이'가 지금은 전국의 사찰로 퍼져 문화관광부에서 전폭적으로 지지하는 문화관광 상품으로 성장한 것은 불교문화마당의 파급효과를 증명하는 좋은 예이다. 연등축제는 각 단체들의 자발적인 참여 열기로 그 규모와 내용이 발전되어 나가고, 연등축제를 통하여 새로운 문화가 각 사찰로 퍼져나간다. 이러한 상호교류가 연등축제의 자발성과 축제의 규모를 자연스럽게 키우고 있다.

연등축제의 비전

본디 우리나라의 전통축제란, 제(祭)를 올리고 오가는 행인까지 초대해 음식을 나눠먹으며 노는 잔치다. 돈을 쏟아 부어서 화려한 볼거리로 치장한 대규모 행사가 아니라 그곳에 자리한 모든 사람이 즐겁게 한바탕 어울리는 열린마당이 진정한 의미의 축제이다.

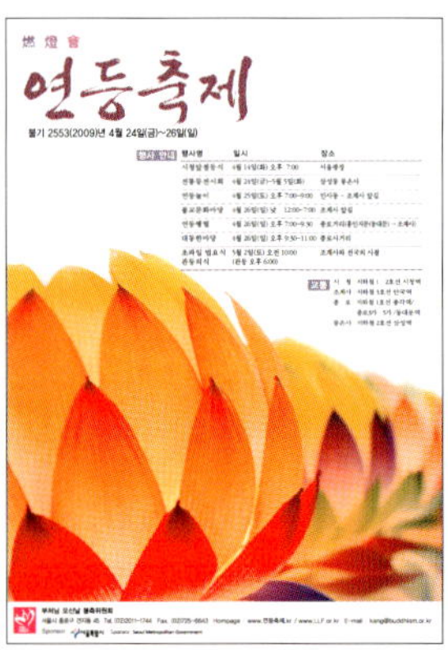

2008년 / 2009년 연등축제 포스터

맺힌 것을 풀고 화해와 통합을 이끌어냈던 조상들의 대동놀이처럼 다양한 계층의 사람들이 너 나 없이 어우러지는 우리의 아름다운 공동체 문화를 되살리는 것! 인종과 종교, 성별과 세대를 떠나서 모두가 함께 즐기는 축제로 나아가는 것! 옛날 우리네 할머니들이 지나가는 아이들에게 사탕을 쥐어주고, 잔칫집에 들른 걸인에게도 기분 좋게 음식을 대접하던 소박하고 따뜻한 모습…. 그것이 연등축제가 지향하는 축제의 모습이다.

요즘처럼 배타적이고 돈이 최고의 가치로 추앙받는 세상에서 자본화되지 않은 나눔의 문화를 지키며, 너 나 없이 편안하게 즐길 수 있는 열린 마당이 있다는 것만으로도 마음이 든든해진다. 한국에서는 이제 전통축제의 맥이 끊어졌다는 우려의 목소리가 높지만, 연등축제를 보면서 아직은 그 불씨가 살아있다는 희망을 발견한다.

연등축제는 불교의 초파일행사로 출발했지만 더 이상 종교행사가 아니다. 그 증거는 연등축제에 동참하는 사람들의 규모와 그 면면을 살펴보면 금세 알 수 있다. 축제의 현장에는 불자와 일반시민들, 멀리서 찾아온 외국인 관광객과 국내에 체류하는 이주노동자들, 그리고 1천여 명의 자원봉사자들이 각자의 축제를 즐기며 연등축제의 요소요소로 빛을 발한다.

종교행사로 출발한 연등축제가 세계적인 축제로 거듭날 수 있었던 진정한 이유 또한 여기에 있다. 불교행사라는 틀에 갇히지 않고, 축제를 찾아온 각양각색의 참여자들이 원하는 것에 관심을 기울였다. 또 그들이 함께할 수 있는 체험프로그램을 꾸준히 만들어내고 단점들을 보완함으로써 참여자 모두가 즐거운 축제의 형태로 진화를 거듭해왔고, 지금도 진화 중이다.

이제 연등축제는 또 한번의 성장통을 앞두고 있다. 축제의 규모가 커진 만큼 대외적인 관심도가 높아지고, 세계적인 축제의 반열에 오른 만큼 축제를 준비하는 이들의 심적인 부담감도 커질 수밖에 없다.

앞으로 연등축제가 어떤 모습으로 진화해갈 것인지 쉽게 예측하긴 어렵지만, 마음에 등을 밝히는 민속문화축제로서의 정체성을 잃지 않는다면, 그 생명력은 무한대다. 연등축제에 참여하는 이들이 스스로 등을 만들고, 흥이 나서 즐기는 자발성이 살아있는 한 연등축제의 아름다운 등불은 결코 꺼지지 않을 것이기 때문이다.

오 감 만 족

연 등 축 제

1 . 5 . 1

03

연 등 축 제 는 .
어 떻 게 .
세 계 인 의 .
축 제 가 .
되 었 나 .

오감만족

연등축제

1.5.5

축제전문가들이나 이벤트 기획자들은 연등축제를 '성공한' 축제로 평가하는데 주저하지 않는다. • 연등축제는 이미 전통문화의 복원 그리고 다양한 프로그램을 통한 대중화라는 두 마리 토끼를 잡은 셈이다. • 축제의 성공은 축제가 벌어지는 시간과 공간, 역사성과 역동성이라는 요소가 축제의 이미지와 적절히 맞아떨어졌기 때문이다. • 하지만 가장 중요한 점은 '참여자가 기획자' 라는 발상 때문이었다.

Happy승가원

연등축제를 이끄는 힘

2009년을 기준으로 연등축제는 종교행사에서 국민축제로 변환을 시도한 지 14년이 되었다. '연등행렬' 이 펼쳐지는 축제 당일에만 30만 명이 넘는 행렬 참가자와 관람객이 거리에 운집하고, 1천 명이 넘는 자원봉사자들이 축제 현장을 움직인다. 과거에는 불자들만의 행사였지만 지금은 연등행렬이 지나가는 관철동 일대에 '연등축제 특수' 라는 말이 생겼을 정도로 성황을 이루는 대규모 축제로 성장하였다. 그렇다면 종교행사로 출발한 연등축제가 불교적인 색채를 잃지 않고도 외국인들이 가장 선호하는 전통문화축제로 발전할 수 있었던 배경은 무엇일까? 지금부터 그 성공요인을 만나보자.

연등축제를 성공으로 이끈 여섯 가지 요인

01 축제의 의미, 열성고객을 확보하다 _ 연등축제는 등(燈)을 중심으로 이루어지는 행사이다. 불교에서 등은 온갖 욕심으로 인해 발생한 어리석음을 깨우치는 지혜와 더불어 자비를 상징한다. 그렇기 때문에 불자들은 굳이 '부처님오신날' 이 아니더라도 등을 수시로 밝히고 부처님께 등 공양을 올린다. 연등공양은 꽃공양, 향공양과 더불어 부처님께 올리는 공양물의 하나로 탐욕과 분노, 어리석음을 없애는데 그 목적이 있다.

연등공양에서 중요한 것은 많은 양의 등을 보시하거나 화려한 등을 보시하는데 있지 않고, 연등하는 사람이 얼마나 진실한 마음으로 서원을 세워 밝히는가에 있다. 연등축제에 참가하는 사람들이 저마다 손에 직접 만든 등을 들게 된 데에는 오래전부터 전해져 내려오는 '빈자일등(貧者一燈)' 의 이야기가 크게 작용하였다. 불교경전인 『현우경』에 등장하는 빈자일등의 이야기를 간략히 소개하면 이러하다.

부처님이 기원정사라는 사찰에 머물고 있을 때의 일이다. 당시 '난타' 라는 이름의 여인이 있었는데, 그녀는 가난하고 외로운 사람이었다. 난타가 생명을 유지하는 유일한 수단은 구걸이었는데, 국왕을 비롯한 많은 사람들이 각자의 신분에 맞는 공양을 부처님과 제자들에게 올리는 것을 보며, 자신의 신세를 한탄했다.

"나는 전생에 무슨 죄를 지었길래, 가난한 집에 태어나 부처님 같은 위대한 분을 만나고도 공양을 드릴 수 없는 것일까?"

난타는 그 사실을 괴로워하고 마음 아파하면서 조그마한 공양이라도

드려야겠다는 생각으로, 아침 일찍 일어나 일터에 나가 밤늦도록 부지런히 일했지만, 얻어지는 것은 겨우 몇 푼에 불과하였다. 그녀가 그렇게 모은 돈을 가지고 기름집에 가서 기름을 사려하자 기름집 주인이 물었다.

"부인, 1전어치 기름은 사봐야 쓸 데가 없을 텐데, 도대체 어디에 쓰려는 거요?"

"부처님과 제자들께 불을 켜 공양하기 위해서입니다. 돈이 적지만 이것만큼이라도 주세요."

그녀의 대답에 가엾게 여긴 기름집 주인은 갑절의 기름을 주었고, 난타는 기쁜 마음으로 등불 하나를 만들어 불을 켠 뒤 절로 올라갔다. 그리고 이런 서원을 세우며 부처님께 등불을 바쳤다.

"저는 지금 가난하기 때문에 이 작은 등불 하나만을 부처님께 공양하나이다. 그러나 이 등불은 저의 큰 재산을 바치는 것이오며, 따라서 저의 마음까지도 모두 바치는 것이옵니다. 바라옵건대 이 인연 공덕으로, 저도 내생에 지혜광명을 얻어 일체 중생의 어두운 마음을 없애게 하여주십시오."

밤이 지나고 새벽이 되어 먼동이 트기 시작했다. 다른 등불은 하나 둘 꺼지기 시작했지만, 시간이 지나도 가난한 여인 난타의 등불은 꺼지지 않았다. 이날 불을 끄는 당번은 부처님의 10대 제자 가운데 신통제일(神通第一)의 위대한 현자였던 목건련 존자였다. 그는 낮에 불을 켜두는 것은 아무 소용이 없기 때문에 잠시 껐다가 밤이 되면 다시 켜야겠다는 생각으로 하나하나 불을 꺼나갔다. 그런데 유독 난타 여인의 등불만은 꺼지지 않았다. 입으로 불어도 끄떡하지 않고, 다시 옷자락으로 끄려 하였으나 역시 그대로였다. 불을 끄려고 애쓰는 목건련을 보시고 부처님께서 말씀하

셨다.

“지금 네가 끄려는 그 등불은 너희들의 힘으로 꺼지는 것이 아니다. 비록 네가 사해의 바닷물을 길어다 붓거나 크나큰 태풍을 몰아온다 하여도 그 불은 끌 수가 없다. 그 등불을 보시한 사람은 자기의 재산과 마음을 진실하게 바친 뒤 일체 중생을 구원하겠다는 큰 서원을 세운 것이기 때문이니라.”

그리고 부처님께서는 난타를 불러 그녀에게 장차 부처가 될 것임을 말씀하셨다.

불교경전에 등장하는 이와 같은 이야기는 불교 신자가 아니더라도 감동을 받기에 충분하다. 가난한 여인의 등공양에 얽힌 일화 속에는 인류의 보편적인 가치인 평등의 메시지가 담겨있기 때문이다. 불교경전을 통해 전해져 내려온 ‘빈자일등’의 이야기는 연등축제의 ‘내부고객’인 불교신자들을 열성고객으로 만들었다. 그들은 등이 주는 외형적인 화려함이나 아름다움보다 등이 담고 있는 상징과 메시지를 더 중요하게 여기게 되었고, 화려하지 않더라도 직접 만든 등을 들고 연등축제에 참여하는 동기를 부여하였다.

연등축제에 참여하는 사람들이 들고 나온 등들은 그 빛깔과 모양은 제각각이지만, 자신이 든 등불이 세상을 밝히고 모두가 등불 아래 하나 되길 바라는 마음은 매한가지다. 연등이 지닌 남다른 의미는 연등축제에 참여하는 불자들이 작은 등 하나를 만들 때에도 온 정성을 기울이고, 대형 장엄등을 제작하는 긴 과정을 하나의 수행으로 여기는 충분한 이유가 된다.

02 춤과 노래로 잠재돼 있던 흥(興)을 찾다 _ 현재 연등축제의 전야제인 '연등놀이' 나 뒤풀이인 '대동한마당' 의 무대는 각 사찰의 연희단과 율동단의 공연으로 채워진다. 겉으로 보기엔 전문무용단 뺨치는 솜씨지만, 청년들의 역동적인 춤과 곱게 단장한 아주머니들의 장고춤 등 모든 공연이 아마추어들의 솜씨다.

연등축제를 주관하는 행사기획단은 행사를 좀 더 역동적이고 즐기는 축제로 만들기 위하여 여러 가지 시도를 거듭해왔다. 그 예로 1997년에는 '회향식' 무대에 연극공연을 시도했으나 참패를 맛보았고, 1998년 동대문운동장에서 펼쳐지던 '연등법회' 에서 대중 노래 부르기를 시도했으나 의도한 만큼의 호응을 끌어내지 못했다.

당시의 연등법회는 각 사찰의 신도들이 연등행렬에 나서기 전에 한

Lotus Lantern Festival
양보

데 모여 연등법회를 연 후 행렬에 나서는 획일적인 행사였다. 운동장에 마련된 무대에서 국악관현악단의 연주를 듣고, 법회를 마친 후 등을 들고 연등행렬에 나서는 것에 불과했다. 연등축제를 계기로 참여자들이 한자리에 모였으니, 즐겁게 놀아보자는 생각에 다함께 노래 부르기를 기획하긴 했지만, 운동장에 모인 수만 명이 함께할 프로그램을 찾지 못했다. 궁리 끝에 유명 사회자를 부르고 음악을 만들었다. 박수를 치며 합창을 유도했지만 기대만큼의 효과를 거두지는 못했다.

일대변화는 연등법회에 각 사찰의 대표 연희단이 입장하면서부터 시작되었다. 고운 한복으로 차려입은 연희단이 차례로 입장만 할 게 아니라 음악에 맞춰 율동을 하며 즐겨보자는 아이디어가 나왔다. 2000년 '연등법회' 행사를 '어울림마당'이라는 이름으로 변경하고, 연희단과 대중율동을 시도했다. 결과는 대성공! 그러나 초창기 어울림마당의 진행이 원만했던 것만은 아니다. 참여자들이 빠른 대중가요에 맞춰 춤을 추기도 힘겨워했고, 멀뚱히 서있는 사람들과 나름대로 흥겹게 노는 사람들이 혼재했다. 노래에 대한 반응도 엇갈렸다. 대중가요와 연등축제의 이미지가 충돌한다는 의견도 있었다. 이를 보완하기 위하여 2005년부터 작곡가 김현성 씨에게 의뢰해 '연등축제만을 위한 노래'를 만들기 시작했다. 그리고 연등축제음악을 CD로 제작해 쉽게 따라할 수 있는 율동집과 함께 참여 단체에 배포했다.

'어울림마당'에 음악과 율동이 도입되면서 분위기가 180도 바뀌었다. 종전에는 행렬에 참여할 사찰들이 차례차례 입장하는 것을 지켜보다가 연등법회를 여는 것이 끝이었지만, 대중율동과 노래가 가미되자 이 단체 저 단체 구분없이 흥이 나서 어우러지는 효과를 가져왔다. 초창기에는 운동장의 스탠드에서는 따라하는 사람이 별로 없었다. 하지만 율동 동영상과 음악CD가 보급된 후부터는 참여 열기가 폭발적으로 늘어나 이제는 근엄한 합창단부터 60대 할머니까지 스스로 흥에 겨워 노래를 부르고 춤을 춘다. 말 그대로 종파와 세대를 떠나서 전국의 불자들이 한데 어우러지는 진정한 의미의 어울림마당으로 변모하였다.

연등축제의 음악과 율동으로 긍정적인 효과를 이끌어낸 행사기획단은 음악과 율동을 젊은 세대와 지방에도 전파하였다. 제주도와 광주, 부산 등을 찾아가서 율동과 음악CD를 보급하고, 청년율동대회를 지원해주고, 연등축제 기간 동안 함께 즐기도록 유도한 결과, 부산을 비롯한 지역 단체들도 음악과 율동을 자기들 나름대로 소화해 즐기게 되었다.

연등축제에 창작율동과 음악이 도입되지 않았다면, 지금처럼 역동적이고 스스로 즐기는 축제가 되지 못했을 것이다. 행사기획단은 참여자들의 입장에서 즐겁게 놀 수 있는 방법을 끊임없이 모색한 결과 내재돼 있던 흥을 끌어냈고, 연등축제는 더 역동적이며 참가자들이 즐거운 축제로 변화하였다.

어울림마당에 처음 시도된 음악과 율동은 현재 연등축제의 전야제인 '연등놀이' 와 연등행렬, 축제의 뒤풀이인 '대동한마당' 에까지 확산돼 언제 어디서든 노래가 나오면 자동적으로 어깨가 들썩이는 경지에 이르렀다. 근엄하게 가곡을 부르던 불교연합합창단이 율동에 동참했고, 2008년에는 율동리더에 남자들이 끼면서 더욱 활기를 띠게 되었다. 무엇보다 연등축제 노래와 율동을 전혀 모르는 사람이 참여하더라도 금세 따라할 수 있는 쉬운 동작과 중독성 있는 노랫말은 '연등놀이' 나 '대동한마당' 에 함께한 외국인과 일반인들이 부담없이 동참할 수 있는 여지를 제공한다.

연등축제의 전야제인 '연등놀이'와 뒤풀이인 '대동한마당'에 창작 율동과 음악, 꽃비와 강강술래가 활용되면서 일반인들의 참여가 크게 늘어났다. 특히 외국인들의 참여가 많아 비가 내리는 날에도 내국인과 외국인, 남녀노소가 함께 어우러져 앞사람의 어깨를 잡고 강강술래를 하며 꽃비를 맞는 진풍경이 펼쳐진다. 흥겨운 노래에 맞춰 춤을 추는 열광적인 분위기가 함께하지 않고는 못 배길 정도로 즐거운 난장이 펼쳐진다. 국적과 인종, 종교와 세대를 떠나 춤과 노래로 하나가 된다는 사실만으로도 더없이 즐겁고 의미가 있는 자리이다.

연등축제 참여자들의 열띤 호응을 이끌어낸 음악과 율동이지만 연등축제에 사용되는 음악과 율동을 만드는 데에는 적지 않은 어려움이 있었다. 불교레크리에이션협회가 연등축제의 노래에 맞게 개발한 율동은 보기에는 아주 간단해 보이지만, 다양한 연령대의 사람들이 쉽게 따라할 수 있는 동작을 만들어야 하기 때문에 3분 내에 따라할 수 있는 쉬운 동작으로 만들 수밖에 없다. 음악도 마찬가지다. 연등축제의 색깔을 살리면서 대중들에게 쉽게 다가갈 수 있는 노래를 만들려다 보니, 노랫말 쓰기부터 곡 작업까지 어려움이 따른다. 현재는 연등축제가 전통문화축제이기 때문에 국악과 전통악기를 활용한 노래들이 주류를 이룬다. 하지만 음악과 율동에 대한 참여자들의 기대치가 점점 커지고 있는 만큼 일반인들이 함께 즐길 수 있는 다양한 축제음악 개발은 앞으로 행사기획단이 개선해 나가야 할 숙제이기도 하다.

03 참여자들의 자발성을 끌어내다 _ 연등축제를 수식하는 말은 무척이나 많다. ‘수만 명의 출연진을 갖고 있는 축제’ 라는 말도 그 중 하나로, 연등축제 당일 프로그램인 ‘어울림마당’ 에 참여하는 인원이 수만 명인 것을 빗대어 표현하는 말이다. 민속축제나 문화이벤트를 연구하는 사람들은 축제의 종류로 분류할 때 관광축제도 아니고 지역축제도 아닌 연등축제가 나날이 성장을 거듭하는 동력에 대하여 의문점을 던진다. 이에 대한 행사기획단의 답은 명쾌하다. 연등축제는 ‘중심이 바닥에 있는 축제’ 라는 것이다.

연등축제는 짧은 기간에 펼쳐지지만, 축제에 참여하는 단체들은 짧게는 3개월에서 길게는 6개월 전부터 연등축제를 준비한다. 연등행렬에 들고 나갈 장엄등과 행렬등을 제작하고, 단체의 연희단과 풍물단은 축제 기간 동안 각종 무대에서 선보일 춤과 공연을 연습한다. 연등축제 기간 동안 대형 장엄등을 운반하고 행렬을 진행하는 것 또한 참가자들의 손에 의해 이루어지며, 조계사 앞 우정국로에서 진행되는 ‘불교문화마당’ 역시 관련단체에서 마련한 내용으로 채워진다.

행사기획단이 연등축제의 전체적인 프로그램을 총괄하고 있지만, 그것은 각 단체들이 준비한 것을 조화롭게 배치하는 것일 뿐, 모든 과정을 각 단체의 참여자들이 자발적으로 준비한다. 이들은 단순히 축제의 ‘관람객’ 이 아니라 사실상 연등축제의 핵심 기획자이자 출연진이다. 그래서 연등축제는 ‘참여자가 곧 기획자이자 주인공이 되는 축제’ 라는 것이 전문가들의 평가이다.

문화라는 것은 저변에서부터 변화의 움직임이 일어나 뿌리를 내릴 때 긴 생명력을 갖게 된다. 연등축제가 횟수를 거듭하면서 습속화된 하나의 전

통문화축제로 자리매김하게 된 이유는 축제에 참가하는 각 단체들이 연등축제에 동참해 그 즐거움을 알고 주체적으로 준비하는 단계에 오를 때까지 시간을 두고 노력을 기울여왔기 때문이다.

행사기획단은 축제의 외형을 화려하게 만들기 위해 전문공연자들을 불러 이벤트를 꾸미거나 참가 규모를 늘리기 위해 사람을 강제동원하지 않고, 스스로 참가한 사람들이 주인이 되어 놀도록 유도하였다. 짧은 기간에 큰 성과를 만들어내고 싶은 욕심에 대규모 자금을 동원해 이벤트성 축제를 기획할 경우 축제의 생명력인 자발성을 고사시킬 수 있기 때문이다.

연등축제를 주관하는 행사기획단의 입장이 아니라 참가자들이 원하는 것을 지속적으로 파악하고 뒷받침한 결과, 참여단체들은 연등축제를

오감만족
연등축제

기다리며 연등을 제작하고, 노래와 율동을 연습하는 등 축제의 주체가 자신들이라는 사실을 인식하고 주도적으로 움직이게 되었다. 연등축제는 참여하는 사람들 각자가 본인의 돈을 들여 직접 등을 만들고, 율동을 하고, 아는 지인들을 초대하는 등, 자발적으로 공들이는 시간과 정성이 있기에 더욱 즐겁고 행복한 축제이다.

04 1천 년의 유구한 역사가 곧 경쟁력 _ 전통문화는 한순간에 없어지거나 생겨나는 것이 아니다. 세월과 함께 이어져 내려오는 가운데 시대적·사회적 배경을 반영하며 변화하고 재창조된다. 연등축제는 외형이나 내용적인 측면의 성장과 더불어 우리민족의 유구한 역사와 함께 전승됐으며, 아직까지 남아있는 민속행사라는 점에서도 남다른 의미를 지닌다.

한국불교의 역사는 자그마치 1700년이다. 오랜 역사와 함께 연등과 관련된 행사가 꾸준히 지속돼온 만큼 민속문화로서의 가치와 다양함은 다른 축제에서는 쉽게 따라올 수 없는 특징이다. 축제를 진행하기 위해서는 수많은 프로그램을 기획해야 한다. 하지만 연등축제는 전통적으로 이어져 내려온 '연등'과 '연등행렬'이라는 확고한 프로그램이 있기 때문에 별도의 기획이 필요하지 않다. 비싼 돈을 들여서 전문 공연팀이나 이벤트팀을 부르지 않더라도 '연등'과 '불교문화'를 활용하여 수많은 볼거리와 즐길거리, 문화적 재미를 선사할 수 있다. 이러한 특징은 '불교문화마당'에서 극명히 드러난다. 100여 개의 부스에서 진행되는 단청, 한지공예, 전각, 사찰음식 시연과 체험 등은 산사에서 시행되던 것들을 연등축제에 참여하는 시민들이 직접 체험해 볼 수 있도록 만든 것이다. 여기에 '연등 만들기'와 '단주 만들기' 등 비교적 간단한 체험프로그램을 추가함으로써 누구나 부담 없이 참여할 수 있도록 유도했다.

현재 불교문화마당에는 100여 개의 부스가 운영되는데, 부스 운영은 조계종 문화부에서 담당한다. 매년 기획부스를 운영하고, 불교문화마당에 참가할 단체를 선별하는 업무를 진행하고 있다. 불교문화마당의 부스는 대부분이 무료로 진행되는 프로그램이며, 부득이하게 참가비를 받아야 하는 경우에는 금액을 3천원 이하로 제한하고 있다. 불교적인 색채를 잃지 않으면서 다 같이 즐길 수 있는 흥이 살아있는 전통을 살리는 것이 불교문화마당의 지향점이기 때문에 '보시와 나눔'에 어긋나는 프로그램은 엄격하게 제한하고, 참여자가 흥미를 느끼고 재미있게 즐길 수 있을 체험프로그램을 위주로 구성한 것이 성공의 비결이다. 또 행사가 끝난 후에는 철저한 검증을 통해 불교문화마당의 성격에 어긋나는 부스는 다음해에 탈락시킨다.

연등축제의 꽃이라고 할 수 있는 '연등'에 대한 지속적인 투자도 중요한 포인트다. 문헌에 나오는 전통등을 복원한 것만으로도 연등행렬은 특별한 개성을 갖게 되었지만, 이에 그치지 않고 현대적인 창작등으로 발전시킴으로써 해가 거듭될수록 더욱 아름답고 화려한 연등이 쏟아져 나오고 있다. 전통등을 보급하기 위해 다각도로 노력한 결과, 이제 '연등행렬'에서만 볼 수 있는 각 사찰의 개성 넘치는 창작등은 연등축제의 최대 볼거리로 자리매김하였다.

연등축제는 종교행사로 출발해 단점이 될 수도 있었던 불교적인 색채를 일반 시민이나 외국인들이 편하게 접근할 수 있는 프로그램에 녹여내 장점으로 승화시켰다. 축제에 참여한 외국인들을 대상으로 한 설문에서도 다양한 전통문화체험이 연등축제의 최대 매력이라는 답변이 대다수

였다. 연등축제 시행 초기에는 시민들과 함께하는 축제로 가기 위해서는 불교적인 색채를 줄여야 한다는 지적도 있었지만, 오히려 불교적인 색채를 살린 체험프로그램을 꾸준히 만들어냄으로써 풍부한 문화콘텐츠를 확보하게 되었다.

연등축제 당일이 되면 막 걸음마를 뗀 아이에서부터 연세 드신 할머니까지 등에 불을 밝혀 행렬에 동참한다. 때가 되면 누가 시키지 않아도 자발적으로 참여한다는 것은 습속화된 전통임을 잘 보여준다. 이것이 곧 연등축제의 경쟁력이다. 우리나라의 유구한 역사와 함께 숨 쉬며 민초들의 손에서 손으로 이어져 내려온 연등축제는 외형적으로는 종교축제로 비춰지지만 일반 시민들이 거부감 없이 동참할 수 있는 민속행사의 특성을 지니고 있다.

봉
부처님오신날
축

이제 연등행렬은 어느 나라의 축제에서도 흉내낼 수 없는 우리만의 전통문화축제로 자리매김하였다. 인근 아시아 불교국가들 중에도 등을 만들어 대문 앞에 다는 문화가 남아있다. 하지만 우리나라의 연등축제처럼 등을 밝혀 거리행렬에 나서는 나라는 없다. 세계 유일의 '움직이는 등 축제' 라는 특별함! 또 그것이 하루 이틀의 이벤트로 기획된 것이 아니라 1200년 가까이 역사와 함께 맥을 이어온 민속문화축제라는 점이 전 세계 어디에 내놓아도 손색이 없는 연등축제만의 경쟁력이다.

05 축제의 시공간, 참가자에게 결집력을 주다 _ 축제가 펼쳐지는 공간과 축제의 성공여부는 매우 밀접한 관련이 있다. 스페인의 토마토축제인 '라 토마티나' 가 발렌시아 지역의 '부뇰' 이라는 작은 시골마을이기에 가능한 것처럼 연등축제 또한 지리적인 요건이 큰 성공요인으로 작용하였다.

축제현장이 종로일대라는 장점 _ 연등축제 당일 '불교문화마당' 이 펼쳐지는 우정국로에는 한국불교의 총본산인 조계사가 자리해 있다. 조계사는 한국불교의 역사에서 중요한 의미를 지니고 있는 사찰로, 1955년에 처음 시작된 '제등행렬' 도 조계사에서 출발하여 종로와 을지로를 거쳐 다시 조계사로 돌아오는 동선을 선택하게 되었다.

굳이 역사적인 의미를 거론하지 않더라도 조계사는 지역적으로 인사동과 경복궁을 잇는 소위 '서울의 문화벨트' 한가운데 자리해 있다. 주변에는 경복궁을 비롯해 운현궁, 비원, 창경궁, 종묘 등, 내국인은 물론 외국인의 방문이 빈번한 조선시대의 궁궐이 밀집되어 있다. 또 반경 5킬로미터 이내에 외국인들이 주로 머무는 호텔들이 몰려 있기 때문에 평상시

에도 조계사에는 하루 평균 외국인 관광객이 5백 명 이상 방문하고 있다.

연등축제가 펼쳐지는 장소가 서울지하철 종각역, 안국역, 광화문역이 가까워 어디서든 인접성이 좋다는 점 또한 장점이다. 서울의 강남과 강북을 잇는 시내버스와 서울과 수도권을 잇는 광역버스 대부분이 연등축제가 벌어지는 종로 일대를 관통한다. 교통이 매우 편리하기 때문에 연등축제의 하이라이트인 '연등행렬'과 뒤풀이인 '대동한마당'이 끝나는 시간이 밤 10시 이후이고, 연등축제 다음날이 월요일이라는 약점에도 불구하고, 참가자들은 집으로 돌아갈 일을 크게 걱정할 필요가 없다. 최근 몇 년 사이 연등축제 참여인원이 크게 늘어난 외국인 노동자들 같은 경우에도 주로 공장 밀집지역인 안산이나 인천 등지에 거주를 하는데, 지하철 1호선을 타면 한 번에 종각역에 올 수 있기 때문에 접근성이 뛰어나다.

연등축제 당일 저녁에 진행되는 '연등행렬' 또한 내용적인 면에서도 나날이 성장을 거듭하고 있지만, 사람들의 왕래가 많은 종로 일대에서 펼쳐진다는 것이 강점이다. 축제전문가들도 1996년 행진 구간을 '여의도-조계사'에서 '동대문 - 조계사'로 변경한 것이 연등축제를 성공으로 이끈 발판이라고 분석하고 있다. 기존의 '여의도 - 조계사 코스'의 경우 다리를 건너야 하고 관람객이 뜸한 구간이 많았다. 그리고 행렬이 수많은 곡선을 지나야했기 때문에 대형 장엄등을 이동하기에 어려움이 있었다. 하지만 '동대문 - 조계사 코스'는 일요일 가족단위, 연인단위 외출객들의 발길이 쉴 새 없이 분비는 곳이면서 곡선도로가 많지 않아 대형 장엄등을 움직여 행진을 하기에 큰 불편함이 없다.

봄이라는 계절적인 장점 _ 연등축제가 성공을 거둘 수 있었던 또 하나의 이유

는 축제가 열리는 시기가 봄이라는 점이다. 연등축제가 치러지는 4월 말에서 5월 초는 계절적으로 가장 쾌청하고 활동하기에 좋은 시기다. 실제로 지난 연등축제 역사 동안 날씨 때문에 고생하거나 축제를 망친 사례는 거의 없다. 봄이 완연한 주말에 야외에서 치러지는 행사이기 때문에 축제에 참여하는 사람들도 부담이 없고, 사계절 가운데 가장 많은 관광객이 방문하는 시기에 축제가 열리기 때문에 외국인들의 참여도 높은 것이다.

06 축적된 문화인력, 축제를 이끌다 _ 연등축제를 성공으로 이끈 또 다른 원동력은 축제에 관여하고 있는 풍부한 인프라다. 현재 행사기획단의 정식직원은 모두 세 명이다. 14년이라는 역사를 자랑하는, 참여인원 20~30만 명의 대규모 축제를 극소수의 인원으로 준비할 수 있는 이유는 무엇일까? 바로 오랜 경험을 통해 축제 전체를 이해하고 있는 자원봉사자들이 풍부하기 때문이다.

연등축제의 숨은 일꾼인 1천 명의 자원봉사자들 가운데 핵심이 되는 인력은 수많은 행사 경험을 갖고 있는 조계종 직원들이다. 이들 중 대다수는 어린 시절부터 연등축제를 보고 자랐으며, 지난 14년간 연등축제의 진행업무를 돌아가며 경험해봤기 때문에 축제에 대해 누구보다 잘 알고 있는 재원들이다.

국제사회에 연등축제와 '외국인 등만들기 대회'를 알리는 국제포교사 300여 명, 행사진행 시 안전지도와 질서유지를 돕는 포교사단, 연등행렬 시 차로 확보를 돕는 불교방송 교통통신원, 의료부스를 마련하는 병원불자연합회, 그리고 총무원과 신행단체 등에서 자발적으로 지원한 불자들이 연등축제 기간 동안 축제현장에서 분주히 움직인다. 만약 이러한 역할을 직원을 채용해 맡긴다고 가정하면, 행사기획단 직원은 수천 명으로도 모자랄 것이며, 축제에 들어가는 비용 또한 엄청날 것이다.

자원봉사자들 외에도 연등축제의 각종 무대를 세팅하는 시설담당자, 매년 율동을 개발하는 불교레크리에이션협회, 연등축제의 음악을 담당하고 있는 작곡가 김현성 씨와 풍경소리, 외국인 설문조사업체, 홍보용 필름등을 제작하는 업체 등 … 행사기획단과 호흡을 맞추고 있는 축제 관련 업체의 담당자들이 다년간 인연을 이어오며, 경험을 통한 노하우를 바탕으로 연등축제의 전반적인 과정을 순조롭게 이어간다.

매년 수십만 명이 운집하는 세계적인 연등축제가 큰 무리 없이 진행될 수 있는 이유는 다년간 참여한 축제 관련 업체들의 담당자들과 1천 명의 자원봉사자들이 '남의 행사' 가 아닌 '나의 축제' 라는 주인의식을 가지고, 물심양면으로 뛰어주고 있기 때문이다.

오감만족

연등축제

1.7.7

사진 목록

ⓒ 하지권 _ 006p, 024p, 026p, 028p, 032p, 048p,
067p, 086p, 087p, 088p, 089p, 114p, 162p

ⓒ 전영일 _ 031p 호랑이와 해태, 38p 불가사리등, 말등,
복어등, 찻잔등

ⓒ 백창호 _ 025p, 030p, 031p 농악대, 034p, 037p, 038p
태권v, 캥거루등. 호랑이전통등, 039p팬더곰등

오 감 만 족

연 등 축 제

1 . 7 . 8

오감만족
연등축제

2009년 3월 27일 초판 발행
2009년 4월 15일 초판 2쇄

펴낸이 박상근(至弘)
주간 류지호
엮음 대한불교조계종 행사기획단
책임편집 이상근
사진 행사기획단·하지권·백창호·전영일
디자인 이영순
일러스트 김진이(본문)·우혜종(안내도)
제작 김명환
홍보마케팅 허성국
관리 윤애경

펴낸 곳 불광출판사
138-844 서울시 송파구 석촌동 165-14 진양빌딩 2층
대표전화 02) 420-3200
편집부 02) 420-3300
팩시밀리 02) 420-3400

출판등록 제 1-183호(1979. 10. 10)

ISBN 978-89-7479-557-3. 03600
값 12,000원

독자의 의견을 기다립니다.
http://www.bulkwang.or.kr
잘못된 책은 바꾸어 드립니다.